MANUEL

DE

RECRUTEMENT

A L'USAGE DE

MM. LES MAIRES DE TOUTES LES COMMUNES DE FRANCE

PAR GONVOT

Ancien commis entretenu des bureaux de l'Intendance militaire à Paris

---

Ouvrage extrait de son 1er volume de la réimpression de la Législation militaire officielle

Reconnu par M. le Ministre de la Guerre, après examen,

Comme le plus utile, le plus complet et le mieux établi de tout ce qui a paru jusqu'à ce jour.

PREMIÈRE ÉDITION — DEUXIÈME PARTIE

DOTATION DE L'ARMÉE, RENGAGEMENTS, REMPLACEMENTS, PENSIONS MILITAIRES ET RÉGLEMENT D'ADMINISTRATION PUBLIQUE

PARIS

IMPRIMERIE ET LIBRAIRIE MILITAIRES DE BLOT

58, rue de Rivoli, 58

1856.

MANUEL

DE

RECRUTEMENT

A L'USAGE DE

MM. LES MAIRES DES COMMUNES.

MANUEL

DE

RECRUTEMENT

A L'USAGE DE

MM. LES MAIRES DE TOUTES LES COMMUNES DE FRANCE

PAR GONVOT

Ancien commis entretenu des bureaux de l'Intendance militaire à Paris.

TOME SECOND

CONTENANT DOTATION DE L'ARMÉE, RENGAGEMENTS, REMPLACEMENTS, PENSIONS MILITAIRES ET RÈGLEMENT D'ADMINISTRATION PUBLIQUE.

PARIS

IMPRIMERIE ET LIBRAIRIE MILITAIRES DE BLOT

58, RUE DE RIVOLI, 58.

1856

Paris. — Typ. Beaulé et Ce, 10, rue Jacques de Brosse.

EXPOSÉ DES MOTIFS DU PROJET DE LOI

D'UNE DOTATION DE L'ARMÉE

RELATIF A LA CRÉATION

AU RENGAGEMENT

AU REMPLACEMENT ET AUX PENSIONS MILITAIRES

PRÉSENTÉ AU CORPS LÉGISLATIF.

Messieurs,

L'obligation de satisfaire au service militaire constitue, sans contredit, pour les populations, et particulièrement pour celles des campagnes, une des charges les plus lourdes qu'elles aient à supporter. Et, cependant, tous ceux qui ont été appelés à constater les effets de la loi du 21 mars 1832, sur le recrutement de l'armée, savent avec quelle merveilleuse facilité cette loi reçoit son application, et combien peu elle rencontre de résistance.

Le nombre des insoumis, qui, de 1841 à 1850, a varié, par année, pour toute la France, de 486 à 375, s'est abaissé, en 1851, au chiffre de 229 ; proportion assurément bien faible, sur un contingent de 80,000 hommes, et d'autant plus remarquable qu'un grand nombre de départements n'y figurent pour aucun insoumis.

Les rapports annuels des autorités civiles et militaires sont presqu'unanimes pour demander qu'il ne soit apporté à cette loi aucune modification importante sans une absolue nécessité.

Ces heureux et excellents résultats doivent être attribués à ce que le service n'est pas personnellement obligatoire, à ce que la loi est passée dans les mœurs et dans les habitudes, à ce qu'elle est parfaitement connue de tous et appliquée avec équité et modération.

Ce qui démontre jusqu'à l'évidence la justesse de ces appréciations, ce sont les faits qui se sont produits en 1854, alors que, pour la première fois depuis la promulgation de la loi, le contingent, par suite des circonstances de la guerre, se trouva élevé à 140,000 hommes.

Cette grande épreuve a été acceptée avec un patriotisme admirable. La formation et la mise en activité du contingent se sont accomplies avec la même régularité que de coutume, et ce résultat a été d'autant plus digne de remarque, que, par suite, soit de l'élévation des prix de remplacement, soit de l'impossibilité où ont été les Compagnies de satisfaire à leurs engagements, l'obligation du service personnel a été proportionnellement beaucoup plus étroite que dans les années précédentes.

Il faut conclure des diverses observations qui précèdent, qu'il serait téméraire ou impolitique d'ébranler les fondements de la loi du 21 mars 1832 et de toucher aux principes généraux qu'elle a consacrés, notamment en ce qui concerne les appels, la formation des contingents, les conditions et la durée du service.

Loin de nous cependant la pensée de prétendre que cette loi soit parfaite et exempte de défauts dans toutes ses dispositions. Ces défauts, dont l'importance ne saurait être méconnue, sont de deux sortes : les uns relatifs à des détails d'exécution auxquels le projet actuel n'a pas voulu toucher, laissant à l'avenir le soin de les corriger, alors que le moment serait venu de remanier la loi dans son ensemble ; les autres, plus essentiels, auxquels on a reconnu qu'il y avait urgence et opportunité de remédier.

Parmi ces derniers figurent en première ligne le mode de remplacement et le silence de la loi sur la constitution de l'armée et de la réserve. Tels sont les deux points qu'il convient d'examiner successivement.

La loi du 21 mars 1832 consacre le principe du service personnel, non pas comme en Prusse, où ce principe est absolu et le service personnel obligatoire, mais avec la faculté de remplacement comme exception et sous le contrôle de l'État. C'est cette faculté de remplacement qui a permis aux Compagnies de se développer, sans que la loi les eût cependant autorisées, et de là sont nés ces abus qui ont soulevé contre elles, depuis longtemps, tant de réprobation. Le système de corruption organisé par leurs agents, les désordres de toute espèce auxquels ces derniers entraînent les remplaçants avant leur arrivée dans les corps, développent chez eux des germes d'immoralité et de débauche dont le temps et la discipline ne parviennent que lentement à détruire les effets.

Les fraudes et les spéculations de la cupidité président trop souvent aux opérations des Compagnies; le père de famille, habituellement rançonné par elles, est exposé, dans les temps difficiles, à les voir tomber en faillite, et à se trouver privé de leur concours au moment où il en aurait le plus grand besoin.

Les comptes-rendus officiels sur le recrutement et la justice militaire montrent quelle extension a prise le remplacement et quelle funeste influence il exerce sur la discipline de l'armée.

Le nombre des remplaçants a été en moyenne, pendant les dix dernières années, de 16,433, et si l'on recherche la place qu'ils occupent dans la composition de l'effectif, on trouve qu'au 1er janvier 1853, sur un total de 332,549 sous-officiers et soldats, représentant la partie de l'armée qui se recrute par la voie des appels, les remplaçants et substituants s'élevaient au chiffre de 93,482, soit 28 pour cent de l'effectif.

Au point de vue de la moralité, voici ce qu'apprend la dernière statistique de la justice militaire pour l'année 1851.

Il a été prononcé, pendant cette année, 1,068 envois de militaires dans les compagnies de discipline ou de pionniers. Ce nombre se divisait ainsi qu'il suit :

Appelés	274
Engagés volontaires	285
Substituants	25
Remplaçants	484

En sorte que, eu égard à l'effectif de chacune de ces catégories, les punitions disciplinaires ont eu lieu dans la proportion suivante :

Les appelés	1 sur 654
Les engagés volontaires	1 sur 219
Les remplaçants et substituants	1 sur 195

Les relevés des punitions infligées dans les corps pour des fautes purement disciplinaires, et ceux des jugements rendus par les conseils de guerre, présentent des résultats à peu près identiques. Il n'est pas jusqu'aux infirmeries régimentaires et à la clinique des hôpitaux qui ne viennent apporter leur contingent à cette triste énumération.

Tous les pouvoirs publics, depuis quinze ans, se sont émus d'un tel état de choses. Des mesures ont été proposées, des projets de lois présentés. Ces efforts sont restés stériles et sans résultat.

Le Ministère de la guerre, seul, a pu agir dans la limite de ses attributions et de son pouvoir. Grâce à des instructions sévères, d'utiles améliorations ont été obtenues. Mais elles n'ont fait qu'atténuer le mal, sans en tarir la source.

Un système qui a pour l'armée et pour la société des conséquences aussi fâcheuses impose à un Gouvernement fort le devoir d'intervenir résolument dans le but de le modifier ou d'y mettre un terme.

Les esprits les plus hardis diront qu'il faut le supprimer. Mais la suppression absolue équivaudrait à l'obligation dit service personnel, et des raisons de haute politique] semblent commander de s'arrêter devant un procédé si rigoureux. L'état des mœurs, de la civilisation et de l'éducation publique en France ; la direction donnée par un grand nombre de pères de familles à leurs enfants vers les arts, les sciences ou les carrières littéraires ; les besoins de l'agriculture et les nécessités que subissent certaines familles des campagnes ; tout concourt à repousser une telle pensée.

Il est donc indispensable, dans la situation de notre société, de laisser subsister le remplacement, mais ce doit être alors à la condition de le régler, de le moraliser, de le rendre moins onéreux pour les populations, et de couvrir d'une égale protection les intérêts de l'armée, ceux des familles et ceux des remplaçants eux-mêmes.

C'est là un des principaux objets du projet de loi qui charge, à l'avenir, l'État seul du soin de pourvoir, dans tous les cas, à la réalisation de l'effectif de l'armée : soit à l'aide du rengagement, comme moyen principal, soit, subsidiairement, à l'aide du remplacement et des engagements volontaires.

Le deuxième reproche qui est fait à la loi du 21 mars 1832, c'est, à côté du mérite qu'elle a incontestablement d'assurer, dans tous les temps, le recrutement de l'effectif, de ne pas constituer l'armée et d'être muette sur les conditions de son organisation. C'est un résultat considérable sans doute que, par le seul effet de son application, on puisse obtenir, avec des contingents de 80,000 hommes, une armée de 520,000 soldats, et élever, en temps de guerre, cet effectif à plus de 900,000, au moyen de contingents successifs de 140,000 hommes, tels que ceux qui ont été assignés aux classes de 1853 et 1854.

Mais ce n'est pas tout. Il importe essentiellement que la législation permette de maintenir sous les drapeaux un noyau de vieux soldats qui puissent servir aux recrues de modèles et de points d'appui, et sans lesquels il ne saurait y avoir ni véritable armée, ni esprit militaire. Cet élément de force, si essentiel pour le temps de guerre, n'aurait pas moins d'importance pour le temps de paix, car il permettrait de satisfaire aux besoins d'économie qui se produisent toujours à ces époques, en entretenant un effectif moindre, et en compensant la quantité par la qualité. Ce serait aussi un moyen assuré d'être toujours en mesure de passer rapidement du pied de paix au pied de guerre ; car les réserves, fussent-elles composées, comme aujourd'hui, de jeunes soldats n'ayant jamais servi, trouveraient, au jour de leur incorporation, des cadres susceptibles de s'élargir et de s'étendre sans affaiblir la force et la solidité de l'ensemble. On arriverait donc à une solution, indirecte peut-être, mais satisfaisante, de la question de la réserve, débattue depuis si longtemps, et succombant toujours sous les charges financières qui en ont paru inséparables jusqu'ici.

Pour peu que l'on sonde les détails de la composition de notre armée, on s'aperçoit bien vite qu'elle est loin de présenter ces éléments de vie et de solidité dont elle retrouve, il est vrai, la puissance, au temps de guerre, dans les sentiments qui l'animent, et dans les qualités de notre caractère national (l'armée française en Crimée en est la preuve la plus éclatante); mais au prix d'efforts d'organisation d'autant plus grands, que ces éléments existaient moins auparavant.

Au 1er janvier 1853, sur un effectif général de 376,101 hommes, l'armée ne renfermait, dans la partie de son effectif (332,549 hommes) qui se recrute par la voie des appels, que 44,824 sous-officiers et soldats de sept ans de service et au-dessus, quel que fût d'ailleurs le titre en vertu duquel ils servaient. Dans ce nombre se trouvaient seulement 19,066 rengagés, et 25,758 engagés volontaires ou remplaçants. Non-seulement ces chiffres sont peu élevés relativement à l'ensemble, mais en les scrutant plus profondément et en recherchant la valeur individuelle des hommes sous le rapport des qualités qui constituent le soldat accompli, on reconnaît combien il laisse à désirer, surtout parmi les remplaçants qui appartiennent trop souvent à cette partie déclassée de la population que le besoin seul a jetée, sans vocation, dans l'état militaire, et qui, tout en se montrant d'intrépides soldats au jour du combat, sont loin de présenter des garanties dans toutes les circonstances et de bons exemple à suivre.

Si à un effectif formé de tels éléments et composé en très-grande partie de soldats de un à six ans de service, on joint la réserve qui ne compte que des jeunes gens n'ayant jamais servi, et quelques soldats en congé illimité, on aura une idée de l'ensemble de notre état militaire, tel qu'il résulte, sinon de la loi du 21 mars 1832, qui, à vrai dire, n'est chargée que du soin d'en assurer le recrutement, mais du manque de lois constitutives sans lesquelles il ne peut exister de bonne organisation pour une armée.

C'est cette lacune que le projet de loi a eu en vue de combler, en cherchant à développer le rengagement et en le prenant pour base fondamentale du nouveau mode de remplacement qu'il se propose d'établir.

La substitution du rengagement au remplacement aurait ce double avantage, de donner à l'armée des remplaçants de moins et de vieux soldats de plus. Et ce n'est pas seulement une question militaire qui serait ainsi résolue, mais aussi, et au plus haut degré, une question d'humanité; l'expérience démontre que, tandis que les pertes des effectifs s'élèvent à 6 pour 100 dans la première année de service, elles ne sont, dans la sixième année, et à plus forte raison pour les vieux soldats, que de 2 pour 100 au plus.

L'histoire des guerres fournit encore un autre enseignement, c'est que les fatigues et les privations déciment les jeunes soldats, et qu'elles livrent à la mort plus de victimes que le feu de l'ennemi.

Les armées trop jeunes sont exposées à laisser sur les routes et dans les hôpitaux une notable partie de leurs effectifs, avant même que l'action ne soit engagée, tandis que des armées éprouvées, telles que celles que Napoléon Ier conduisait à la victoire dans les campagnes de l'Italie et de l'Allemagne, arrivaient presque intactes sur les champs de bataille, et ne trompaient jamais les calculs du général en chef.

L'intérêt des familles, aussi bien que l'intérêt militaire, s'accordent donc pour l'adoption d'une mesure si importante pour le succès des armées au jour du combat, et qui offre aux jeunes gens un gage de salut et aux pères de famille des chances de plus pour la conservation de leurs enfants.

Les rengagements sont anjourd'hui réduits à des proportions minimes, puisqu'ils ne s'élèvent pas au-delà de 5 à 6,000 en moyenne par an. Encore ne comprennent-ils, en grande partie, que des sous-officiers, et ne sont-ils contractés que pour un temps très-court.

Cet état de choses est la conséquence inévitable de l'abandon où nos institutions ont laissé la profession des armes. Le sous-officier et le soldat, qui ne sont pas appelés, par leur éducation et leur capacité, à devenir officiers, n'ont d'autre avenir que des chevrons et une haute-paie de 10 à 15 centimes. Puis, après trente années de services effectifs, le soldat ne reçoit, pour toute récompense d'une vie de privations, qu'une modique retraite de 2 à 300 francs, insuffisante pour les besoins de son existence.

On peut dire hardiment que l'un et l'autre n'ont en perspective que la misère. Aussi le nombre de ceux qui atteignent la retraite ne dépasse-t-il pas 800 environ par année.

Que l'on attribue, au contraire, au rengagement des avantages importants; qu'une prime de 1,000 fr. et une haute-paie de 10 centimes soient allouées à la première période de sept à quatorze ans de service ; que des avantages moindres, tels qu'une haute-paie de 20 centimes, soient le prix des rengagements postérieurs au premier; qu'enfin, une retraite au minimum de 365 fr., pouvant s'élever, avec le bénéfice des campagnes, à 4 ou 500 fr., soit accordée au bout de 25 ans de service, et l'on peut affirmer que, dans ces conditions, qui sont celles du projet de loi, le sous-officier et le soldat auront désormais devant eux une carrière ouverte et un avenir assuré. La loi aura fait pour eux ce qu'elle a déjà fait, avec tant de raison, pour l'état de l'officier.

A l'âge de quarante-six ans, le sous-officier et le soldat pourront rentrer dans leurs foyers, possesseurs d'un capital de 1,000 fr. au moins, que leur aura conservé la caisse de la dotation, ou en jouissance d'une retraite de 365 à 500 fr., et peut-être avec la médaille ou la croix d'honneur. A cet âge, ils peuvent encore se marier, fonder un petit établissement, se livrer à une industrie, occuper un emploi. Ils sont assurés, quoi qu'il arrive, de se créer un rang honorable dans la société où ils porteront, au grand profit de tous, leurs habitudes d'ordre et d'obéissance aux lois.

C'est à ces dignes serviteurs que devra profiter surtout le bénéfice de la loi du 5 juillet 1850, sur l'admission dans les fonctions publiques, et dont nous nous plaisons à rappeler l'article 2.

« Dans tous les services publics qui le permettront, il sera réservé » une portion déterminée de fonctions, emplois et gestions, aux anciens » militaires des armées de terre et de mer ayant contracté un ou plusieurs » rengagements, et aux marins et ouvriers des arsenaux, portés depuis » plus de quinze ans sur les registres de l'inscription maritime. »

Que l'on compare les deux situations et que l'on juge.

L'Etat lui-même, en rémunérant dignement ceux qui l'auront servi avec dévouement, aura acquitté la dette du pays et recueillera les bienfaits de ces dispositions.

Si, grâce à ces avantages, le nombre des demandes de rengagement se trouvait équivaloir à celui des demandes de remplacement, le problème que s'est posé le projet de loi serait résolu ; le remplacement se ferait par l'armée, et celui qui se pratique en dehors serait supprimé de fait.

Si ce nombre était supérieur, la solution n'en serait que plus complète, puisque l'Etat, en satisfaisant à toutes les demandes d'exonération, n'aurait qu'un choix à faire parmi les rengagés qui lui conviendraient le mieux.

Mais la prudence commandait de prévoir le cas où il serait inférieur et de prendre des mesures contre cette éventualité, afin que, dans aucun cas, le recrutement de l'armée ne pût être compromis. C'est de là qu'est née la pensée du remplacement subsidiaire, qui permettra de se livrer sans danger à l'expérience que prépare le projet de loi. Si l'on remarque que, dans les temps ordinaires, le nombre des anciens soldats qui entrent, sans pression, chaque année dans les rangs de l'armée, soit par la voie du rengagement, soit par celle du remplacement, est de onze à douze mille, on est porté à penser qu'en présence des avantages nouveaux qui leur sont offerts, non-seulement ce nombre se maintiendra, mais qu'il devra s'élever au chiffre de seize à dix-sept mille, qui est celui des demandes de remplacement. Toutes les probabilités sont pour qu'il en soit ainsi en temps de paix, et si quelque doute pouvait s'élever, ce ne pourrait être que pour le temps de guerre où le remplacement et les engagements volontaires viendraient alors suppléer à l'insuffisance du rengagement.

Mais, quoi qu'il arrive, il est facile de voir que le remplacement, s'il est nécessaire d'y recourir, se trouvera réduit à de minimes proportions, et que dès lors ses choix seront plus faciles et meilleurs.

L'Etat d'ailleurs, en faisant lui-même cette opération, en assurera la régularité et les bons résultats. L'armée gagnera considérablement à son intervention directe et immédiate, et la population civile, de son côté, applaudira à une mesure qui rendra ses obligations plus faciles et plus économiques, tout en la déchargeant de la responsabilité que le remplacement laissait peser sur elle pendant une année.

Il reste à examiner à l'aide de quelles dispositions le projet de loi réalise les importantes améliorations qui viennent d'être énumérées.

Le titre Ier crée une institution nouvelle, sous le nom de *Dotation de l'armée*. Il détermine les recettes qui doivent alimenter la caisse de cette dotation, ainsi que les dépenses auxquelles elle doit pourvoir.

La dotation est instituée sous la garantie de l'État et gérée par l'administration de la Caisse des dépôts et consignations, combinaison déjà consacrée législativement, et que l'on rencontre notamment dans la loi du 18 juin 1850, relative à la caisse des retraites pour la vieillesse.

Elle est placée, en outre, sous la surveillance et le contrôle d'une Commission supérieure nommée par l'Empereur, et dont la haute position est de nature à rassurer tous les intérêts militaires, civils et financiers.

Cette Commission, en ce qui concerne son contrôle, jouira d'une indépendance entière et aura la responsabilité morale de ses décisions. Néanmoins, en ce qui concerne les actes extérieurs, son rôle aura un caractère consultatif, et ses propositions ne deviendront exécutoires que par arrêté du Ministre de la guerre.

La gestion de la dotation constitue un service spécial dont le budget et les comptes seront annexés à ceux du Ministère de la guerre, d'une manière analogue à ce qui se pratique aujourd'hui dans le département de la Marine, pour la caisse des invalides.

Le Corps Législatif sera donc appelé, chaque année, à connaître la situation, la marche et les progrès de cette grande institution.

Enfin, le 4e paragraphe de l'art. 1er renferme le principe d'un véritable établissement d'utilité publique pour les militaires de tous grades, établissement qui est dans les vues du Gouvernement, et dont la réalisation ne se fera pas longtemps attendre.

Le titre II traite de l'exonération du service, et ouvre, à tous les jeunes gens compris dans le contingent annuel, la faculté d'assurer, au moyen de prestations, leur remplacement dans l'armée par la voie du rengagement d'anciens militaires.

La Commission supérieure déterminera, chaque année, le prix de l'exonération, et, sur sa proposition, le Ministre de la guerre le fixera définitivement par un arrêté, dont la promulgation précédera la formation des contingents cantonaux. Ce prix sera nécessairement variable, comme l'est aujourd'hui celui du remplacement, et empruntera ses éléments de fixation aux avantages plus ou moins grands qui devront être offerts aux rengagements, suivant les circonstances politiques dans lesquelles se trouvera le pays. Il sera le même pour toute la France. Il suffira d'en verser le montant à la caisse des receveurs particuliers, et de justifier de ce versement par un récépissé présenté au préfet en conseil de préfecture, dans un délai de dix jours après la clôture des opérations des conseils de révision.

On reconnaîtra qu'il était impossible de donner aux populations des villes et des campagnes une voie plus simple et plus facile pour obtenir l'exonération.

L'article 5 a eu pour objet de venir en aide aux familles peu aisées, en leur offrant les moyens de faire à la caisse de la dotation plusieurs versements anticipés, en vue d'arriver à réunir le prix total de l'exonération au moment où la classe dont les jeunes gens font partie est appelée à former le contingent. Il est inutile d'ajouter que ces versements anticipés porteraient intérêt et seraient restitués en entier aux familles, dans le cas où les jeunes gens se trouveraient exemptés par le bénéfice de leurs numéros, ou voudraient renoncer, au dernier moment, à user de la faculté de se faire exonérer.

On comprend que, dans le système du projet de loi, les jeunes gens qui n'auraient pas profité en temps utile du bénéfice de l'exonération, ne pourraient y prétendre plus tard, à moins qu'ils ne rejoignissent préalablement leur corps, et qu'ils ne fussent admis par les Conseils d'administration des corps à jouir de la faculté accordée par l'article 8.

L'article 10, qui supprime le mode de remplacement établi par la loi du 21 mars 1832, annule, en fait, les compagnies de remplacement. Le titre III fait connaître le nouveau mode qui lui est substitué.

Cette suppression ne porte aucune atteinte aux opérations des Compagnies financières d'assurances avant le tirage. Ces sociétés, dont les opérations aléatoires sont destinées à venir en aide aux classes peu aisées, qui en profitent aujourd'hui dans de grandes proportions, pourront continuer leurs opérations de mutualité, tendant à fournir à ceux des jeunes gens que le sort n'aurait pas favorisés le montant du prix fixé pour l'exonération, dans les conditions déterminées par l'article 15.

Le titre III fixe la durée et les conditions du rengagement, ainsi que l'âge de quarante-sept ans, au-delà duquel il n'y a plus intérêt, pour l'État, à maintenir un militaire sous les drapeaux. Cette limite a été calculée de manière que, même avec de légères interruptions, le militaire pût accomplir les vingt-cinq ans de services qui lui sont nécessaires pour obtenir la retraite.

Il fixe aussi les allocations et hautes-paies auxquelles ont droit les rengagés, dans les diverses périodes de leur service. Les hautes-paies de rengagement, qui y sont spécifiées, sont indépendantes de celles prévues par l'article 36 de la loi du 21 mars 1832, et déterminées par l'ordonnance de 1837 sur la solde, sous le nom de haute-paie, de chevrons, lesquels continueront à subsister simultanément.

Les allocations de rengagement pourront être augmentées par arrêté du Ministre de la guerre, sur la proposition de la Commission supérieure. Ces augmentations seront subordonnées à la facilité plus ou moins grande que présenterait le rengagement dans des circonstances exceptionnelles, et elles réagiront naturellement sur la fixation du prix de l'exonération qui est toujours destiné, il ne faut pas le perdre de vue, à assurer le rengagement des anciens militaires.

L'article 15 spécifie qu'en cas d'insuffisance du nombre des rengagements, comparé à celui des exonérations, des remplacements seront effectués par voie administrative.

Pour constater cette insuffisance, l'administration de la guerre n'aura qu'à recueillir, dans les divers corps de l'armée, les demandes de rengagement qui auront été formées, et à en comparer le chiffre total à celui des demandes d'exonération.

Si le chiffre de ces dernières est supérieur, alors seulement il y aura lieu de recourir au remplacement dans la forme indiquée.

Par ces mots « voie administrative » il faut entendre une opération qui sera effectuée par les soins de l'État, dans des formes et conditions déterminées par le réglement d'administration publique à intervenir pour l'exécution de la loi. Ce mode pourrait être ainsi réglé :

Des registres seraient ouverts dans les préfectures, les sous-préfectures et les mairies, sur lesquels iraient s'inscrire les jeunes gens qui auraient la volonté de remplacer, moyennant le prix déterminé par la Commission supérieure. Le nombre de ces inscriptions, centralisées à la préfecture de chaque département, serait transmis au Ministre de la guerre qui, le comparant à celui des demandes de remplacement dans toute la France, serait en mesure de les répartir utilement entre tous les départements et de faire concourir, au besoin, ceux qui en auraient le plus, à opérer des remplacements dans les départements où les remplaçants seraient insuffisants. Les remplaçants seraient, dans tous les cas, examinés dans les départements où ils se trouveraient, par une Commission militaire chargée de reconnaître leur aptitude physique, de vérifier s'ils remplissent les conditions voulues par la loi du 21 mars 1832 et de procéder, enfin à leur réception définitive.

En désignant une Commission militaire, qui pourrait être composée du général commandant le département, du sous-intendant militaire et de l'officier commandant le recrutement, le réglement d'administration ne ferait que sauvegarder les intérêts de l'armée et consacrerait un départ naturel et légitime d'attributions entre les conseils de révision, chargés de la formation du contingent, et les commissions départementales dont la préoccupation serait de veiller plus scrupuleusement aux intérêts militaires et de n'admettre, à titre de remplaçants, que ceux qui seraient rigoureusement propres au service.

Les membres de l'intendance militaire seraient chargés de dresser les actes de remplacement.

Le prix du remplacement serait le même pour toute la France. Il serait soldé par la caisse de la dotation, mais seulement à la libération du service, sauf des cas spéciaux dont les conseils d'administration des corps seraient juges, et où le remplaçant pourrait obtenir des à-comptes dans le cours de son service.

Le remplacement, ainsi pratiqué, perdrait ce caractère de marché d'homme à homme, tel qu'il existe aujourd'hui. Ce ne serait qu'un engagement envers l'État, moyennant un prix déterminé. Il n'y aurait plus en réalité de remplaçants, mais simplement des engagés.

Les allocations attribuées aux rengagés et aux engagés volontaires, après la libération, sont incessibles et insaisissables. Elles appartiennent, en cas de mort, à leurs héritiers et ayant cause.

Les militaires ne peuvent en perdre le bénéfice ou en encourir la suspension.

Le titre IV règle les conditions nouvelles de la pension de la retraite qui sera accordée aux sous-officiers, caporaux, brigadiers et soldats des corps qui se recrutent par la voie des appels. Ces militaires sont les seuls auxquels s'appliquent les dispositions de la loi actuelle.

Le droit à la retraite est acquis à vingt-cinq ans de service effectif. Cette limite est déjà aujourd'hui consacrée pour la marine, et on ne pouvait guère la faire descendre davantage, sans s'exposer à augmenter démesurément le nombre des retraites et, par suite, les charges de la dotation et celles du Trésor.

La quotité de la retraite est augmentée de 165 francs, c'est-à-dire que le minimum de la pension du soldat, qui est fixé par la loi du 11 avril 1831 à 200 francs, est porté à 365 francs, soit 1 franc par jour.

Le maximum serait de 465 francs.

Quant aux sous-officiers, le sergent, par exemple, le minimum de sa pension serait de 415 francs et le maximum de 565 francs.

On reconnaîtra que ces chiffres n'ont rien d'exagéré. Ils atteignent, sans le dépasser, le but que s'est proposé la loi, d'assurer l'avenir du soldat et d'acquitter la dette de l'État envers lui.

L'article 20, en spécifiant que le surcroît de dépenses résultant de cette nouvelle fixation des pensions serait prélevé sur l'actif de la dotation de l'armée, ne fait qu'énoncer une des principales conditions d'existence de la dotation, qui est chargée de pourvoir au paiement, non-seulement des allocations, hautes-paies de rengagement; mais encore, dans la mesure de ses ressources, au paiement des pensions de retraite dont la quotité et le nombre vont se trouver considérablement augmentés.

C'est ici le lieu de montrer sommairement les conséquences financières du projet de loi.

Il résulte de calculs faits avec soin, et, pour ainsi dire, homme pour homme, c'est-à-dire en mettant en présence l'exonéré et le rengagé que dans l'hypothèse d'un prix d'exonération de 1,500 francs, par exemple, la dotation, après avoir payé au rengagé les allocations et les hautes-paies, réalise encore, en tenant compte des intérêts, un fonds de réserve important destiné au service des pensions. Le disponible laissé par chaque rengagé est :

Après 7 ans de rengagement, de 580 fr.

Après 14 ans,	—	de 2,520
Après 18 ans,	—	de 3,940

Or, les intérêts cumulés de ces sommes disponibles seront évidemment plus que suffisants pour assurer le paiement du surcroît de dépenses résultant de l'exécution de l'article 20, relatif aux pensions à accorder après vingt-cinq ans de service.

Sans doute, le nombre des pensions qu'obtiendront annuellement les sous-officiers, caporaux et soldats, lequel n'est que de mille environ aujourd'hui (gendarmerie comprise), et n'occasionne qu'une dépense budgétaire de 280,000 francs, s'élèvera beaucoup par suite des avantages accordés dans le cours du service et d'une durée de jouissance de cinq ans de plus; mais qu'importe! le capital dont les intérêts doivent y pourvoir demeure à la Caisse de la dotation.

Il est difficile de se livrer à des calculs précis avec des éléments aussi mobiles et susceptibles d'un aussi grand imprévu; mais ce qui ressort d'hypothèses diverses, dans lesquels ces calculs ont été établis, c'est que, si le nombre des pensions s'élève, après vingt-cinq ans, à deux, à trois cent mille, ainsi qu'il est permis raisonnablement de le prévoir, la Caisse de la dotation sera en mesure de pourvoir au paiement des six huitièmes *au moins* de la quotité de toutes ces pensions.

Le Trésor peut donc être exposé à payer l'excédant. Mais cette charge nouvelle dans les dépenses du budget, si toutefois elle a lieu, sera plus que compensée par les avantages considérables que l'État est appelé à recueillir, et par les notables économies que le rengagement doit opérer. Des économies seront, en effet, réalisées immédiatement sur les frais de route des recrues, les premières mises de petit équipement et d'habillement, et sur les dépenses d'hôpital, et elles peuvent être évaluées par homme :

Pour un 1er engagement	de 7 ans,	à 102 fr.
Pour un 2e —	de —	à 209
Pour un 3e —	de 4 ans,	à 293

Le titre V contient quelques dispositions générales et transitoires destinées à régler les conséquences de l'application de la loi au moment de sa mise à exécution. Les unes, obligatoires, en ce qui concerne l'accomplissement du temps du rengagement pour les militaires sous les drapeaux; les autres, bienveillantes, pour ceux de ces militaires qui n'auraient pas vingt-cinq ans de service effectif à cette époque.

Il énumère les objets principaux auxquels devra pourvoir le réglement d'administration publique nécessaire à l'exécution de la loi, notamment l'organisation de la Caisse de la dotation et de son service spécial, et les formes à suivre dans le mode administratif du remplacement.

L'article 23 déclare la loi exécutoire à partir du 1er janvier 1856. Il était nécessaire que le délai d'exécution fût assez long, d'un côté, pour que les anciens militaires connussent les avantages qui allaient leur être accordés ; d'autre part, pour que la population civile et les entreprises de remplacement fussent mises en demeure de se préparer à son application. Il y avait opportunité, d'ailleurs, à ce que la loi donnât les moyens de récompenser et de conserver, dans les rangs de l'armée, ces braves soldats qui défendent si héroïquement, aujourd'hui, l'honneur du drapeau. Aussi cet article contient-il une disposition spéciale pour faire jouir du bénéfice de la loi ceux qui contracteraient des rengagements dans le cours de l'année 1855 et qui refuseraient d'accepter le droit qui leur est acquis à la libération.

Tel est, Messieurs, l'ensemble des dispositions du projet de loi qui est soumis à vos délibérations.

Dans le discours prononcé par Sa Majesté, à l'ouverture de la session législative de 1855, l'Empereur annonçait que *la loi qui serait présentée aurait pour but*, entre autres avantages, d'*améliorer, sans augmenter les charges du Trésor, la position des militaires qui se rengagent.*

Les développements qui précèdent prouvent que ce résultat est obtenu de la manière la plus heureuse et la plus certaine.

Quant aux autres avantages que cette loi procure, ils peuvent se résumer ainsi :

1° Elle maintient tous les principes fondamentaux de la loi du 21 mars 1832, sur le recrutement de l'armée;

2° Elle met fin à ce trafic honteux que l'opinion publique a stigmatisé du nom de *traite des blancs;*

3° Elle fait disparaître cette réprobation, souvent injuste, qui s'attache, dans l'armée, à la position du remplaçant;

4° Elle protége les petites fortunes, en abaissant le taux du remplacement;

5° Elle est favorable aux populations, en leur créant de grandes facilités d'exonération, et en donnant la faculté de diminuer, en temps de paix, le nombre des hommes appelés sous les drapeaux ;

6° Elle fait de l'état militaire une profession ; elle constitue la carrière et assure l'avenir du sous-officier et du soldat ;

7° Elle retient sous les drapeaux un noyau de cent à cent trente mille anciens soldats, rompus aux fatigues et aux exercices; et constitue, par les avantages qu'elle leur assure, une véritable armée et un véritable esprit militaire;

8° Elle facilite la solution de la question si longtemps débattue de la réserve et du passage du pied de paix au pied de guerre;

9° Elle donne à l'État les moyens de récompenser d'une manière plus juste et moins parcimonieuse la vie de privations du sous-officier et du soldat;

10° Enfin, elle est humaine, en permettant de n'employer, au début d'une guerre, que des hommes faits, au lieu de jeunes gens qui meurent de fatigues ou vont peupler les hôpitaux.

Ces considérations nous ont paru devoir agir vivement sur vos esprits, et le Gouvernement ne peut que les recommander à votre sollicitude et à votre patriotisme.

Signé : E. Rouher, vice-président du Conseil d'état;

Général Allard, président de la section de la guerre et de la marine, Rapporteur;

Petitet, conseiller d'État.

RAPPORT

FAIT

AU NOM DE LA COMMISSION CHARGÉE D'EXAMINER LE PROJET DE LOI*

RELATIF A LA CRÉATION

D'UNE DOTATION DE L'ARMÉE

AU RENGAGEMENT

AU REMPLACEMENT ET AUX PENSIONS MILITAIRES

PAR M. DE BELLEYME (ADOLPHE),

Député au Corps Législatif.

MESSIEURS,

L'organisation militaire de la France, admirable et irréprochable dans son ensemble, présente dans quelques-unes de ses parties des lacunes qu'il était nécessaire de combler.

Le projet de loi qui vous est soumis a été fait dans ce but : il respecte les principes et les éléments d'une force militaire qui vient de faire ses preuves d'une manière glorieuse, et ne porte la main que sur les parties négligées dont la faiblesse n'avait jamais échappé aux yeux des hommes expérimentés.

La pensée dominante du projet de loi est relative à la situation faite et à faire aux derniers rangs de l'armée.

A cet égard, le projet de loi a le mérite essentiel d'établir une juste et

* Cette Commission est composée de MM. Monier de la Sizeranne, *président;* le comte de Bryas, *secrétaire;* De Belleyme (Adolphe), le général Dautheville, Delapalme, Faure, Louvet, le duc d'Albuféra, le général Lebreton, le comte Boissy-d'Anglas, le comte de Pennautier, Rigaud, Corta, le général Parchappe.

Les Conseillers d'Etat, Commissaires du Gouvernement, chargés de soutenir la discussion du projet de loi, sont : MM. le général Allard, président de section, et Petitet.

utile concordance entre l'amélioration de nos institutions militaires et la rémunération des services qui méritent la reconnaissance publique. Les résultats auxquels il tend sont obtenus non par de nouveaux sacrifices, mais par une meilleure organisation ; et loin d'imposer aux populations un plus grand tribut d'hommes ou d'argent, on doit attendre de ses effets qu'il y aura moins d'enfants enlevés aux familles, moins d'hommes à leur état, et que la charge s'appesantira moins sur l'agriculture et l'industrie.

En présentant rapidement le tableau de notre organisation militaire, on verra de suite quelles en sont les bases essentielles, et il sera démontré que le projet de loi ne touche à rien de ce qui fait à juste titre la confiance et la sécurité du pays ; mais que, dérivant d'une juste et haute sollicitude, il ne s'applique réellement qu'à ce qui n'avait pas encore été réglementé.

Le principe fondamental de notre état militaire, celui auquel il faut remonter pour trouver le secret de sa force, se trouve inscrit pour la première fois dans la loi de l'an VI, qui porte : *Tout Français doit le service à la patrie.*

Confirmé par la loi de 1818, ce principe a été consacré de nouveau et organisé d'une manière complète par la loi du 21 mars 1832, sous l'empire de laquelle nous vivons.

En vertu de la loi de 1832, le service militaire personnel et gratuit est obligatoire pour tous les Français âgés de vingt ans.

Tous les jeunes gens ayant atteint cet âge sont soumis au recrutement ; des listes sont dressées à cet effet dans chaque canton, et l'ensemble des jeunes gens portés sur ces listes forme ce qu'on appelle la classe de l'année.

Une loi votée comme l'impôt détermine le nombre d'hommes mis annuellement à la disposition du Gouvernement pour entrer dans les rangs de l'armée.

Un tirage au sort fixe l'ordre dans lequel les jeunes gens doivent être examinés par les conseils de révision, pour savoir s'ils sont propres au service.

Ceux qui sont reconnus aptes au service forment la liste du contingent jusqu'à concurrence du nombre fixé par la loi.

Les conseils de révision arrêtent cette liste et proclament libérés du service tous ceux qui, par le bénéfice du sort, ne s'y trouvent pas compris.

La loi reconnaît à tout individu, faisant partie du contingent, le droit de fournir un autre homme à sa place ; c'est le droit de remplacement.

La durée du service est fixée à sept ans.

Enfin les jeunes gens faisant partie du contingent prennent le titre de jeunes soldats appelés.

La loi du recrutement, l'obligation générale du service militaire, la fixation annuelle et législative du contingent, le tirage au sort, tels sont les éléments principaux qui constituent la puissance et la force d'extension de l'état militaire de la France.

C'est au moyen de cette combinaison que l'on peut, suivant les circonstances, faire des appels de quatre-vingts, de cent, de cent quarante mille hommes, que l'on passe du pied de paix à la paix armée ou au pied de guerre, et d'un effectif de trois cent cinquante mille hommes à un effectif de cinq cent et même de neuf cent mille hommes.

C'est grâce à l'élasticité de notre organisation militaire qu'on peut, chaque année, la réduire à sa plus simple expression ou la livrer à son plus redoutable développement, tout cela sans trouble, sans difficulté, sans changement dans la loi ni dans la manière de procéder. Les populations, qui y sont depuis longtemps façonnées, n'éprouvent aucune surprise, et leurs habitudes sont préparées d'avance à ses exigences.

En vertu de ce système, nous avons une armée que l'on peut véritablement appeler nationale, et qui répond dignement à tous les sentiments de la France.

Par l'effet et le jeu régulier de la loi, notre armée se recrute et se retrempe chaque année dans la jeunesse encore intègre des villes, et surtout des campagnes, dans la population calme, patiente, courageuse, disciplinable de notre pays. Dans ce milieu, sain et robuste, les natures ardentes, les gens plus ou moins déclassés, les enrôlés volontaires, ceux qui se jettent dans la carrière des armes pour ses chances, ses aventures et les perspectives qu'elle ouvre à l'ambition, peuvent trouver sans inconvénient leur place et leur emploi.

Rien n'est plus favorable qu'un pareil état de choses à l'esprit militaire; il entretient dans les familles et chez les jeunes gens cette idée que tout Français naît soldat de son pays : chacun s'habitue d'avance à la perspective du service militaire qui attend indistinctement tous les hommes de vingt ans, et chacun se fait un point d'honneur de ses devoirs et de ses dangers.

Le principe de la loi du recrutement n'est plus discuté : cette égalité de tous devant la loi, scrupuleusement observée, rigoureusement pratiquée, ce devoir pareil pour tous de se dévouer à la défense du pays, l'absence de toute distinction, de tout privilége, de toute faveur, fait que chacun comprend et subit à son tour la nécessité du service militaire.

L'impôt le plus lourd, le sacrifice le plus grand, celui de la famille, de la liberté et de la vie, se fait ainsi accepter sans murmure.

Aussi n'est-ce pas seulement un principe écrit dans la loi, mais un fait pratique et une chose passée dans les mœurs, que l'obéissance à l'appel du recrutement.

A vingt ans, tout le monde est prêt à porter les armes, et c'est vraiment quelque chose de merveilleux que cette facilité avec laquelle la France se lève tout entière pour la défense de l'indépendance ou de l'honneur national. Elle est véritablement ainsi un peuple de soldats, et jamais des aptitudes plus précieuses n'ont rencontré une organisation plus favorable.

Tel est le principe, telles sont les institutions dont le salut de la France peut à chaque instant dépendre.

Proclamons-le de suite; à l'égard de tous ces points capitaux de notre système militaire, la loi de 1832 reste entière et absolument intacte, pas une de ses dispositions n'est modifiée, si légèrement que ce soit, par le projet de loi actuel.

Ces éléments primitifs de la formation de l'armée sont mis précieusement à l'écart et placés hors de toute atteinte : si nous l'examinons elle-même dans son ensemble, nous pouvons la diviser en deux parties : d'un côté les chefs, c'est-à-dire le cadre des officiers, de l'autre le corps de l'armée, c'est-à-dire les sous-officiers et soldats.

L'organisation des cadres de l'armée est encore une chose irréprochable; les règles d'après lesquelles se recrute le corps des officiers, la part faite aux sous-officiers, l'admission des jeunes gens dans les écoles militaires, l'éducation qu'ils y reçoivent et qui demande une direction si délicate pour en faire des hommes distingués et dévoués à leur pays, et non pas des esprits systématiques et précoces seulement pour l'ambition ; les lois et les principes qui régissent l'avancement dans les grades, tout cela est déterminé selon la plus exacte justice, la plus prévoyante sollicitude, la plus parfaite habileté.

Par des combinaisons heureuses on a su concilier les droits de l'ancienneté et les droits du mérite, permettre un avancement rapide sans décourager les anciens services, et tout faire concourir au bien public.

Mais si nous arrivons au corps de l'armée constitué par les sous-officiers et soldats, nous ne pouvons plus avoir la même admiration.

On ne s'est occupé de cette partie si importante et si méritante de l'armée qu'au point de vue étroit des nécessités du service et de son devoir envers l'Etat; mais, à part la discipline imposée, on a oublié le parti à tirer des sous-officiers et soldats, et la justice qui leur était due.

On enrôle les jeunes gens à vingt ans, on les enlève à leur état et à leur famille; on les conserve sept ans dans les rangs de l'armée, et au bout de ce temps on les renvoie chez eux et on en prend d'autres : ils ont servi l'Etat, et il n'en est pas autre chose.

Sans doute, tout le monde doit et tout le monde paie le service militaire par le recrutement et le tirage au sort; ceux qui servent de leur personne ne font qu'acquitter leur dette, et il ne leur est rien dû pour ce fait; mais cependant il faut convenir qu'il y a un service rendu, que la différence est grande entre ceux qui tombent au sort et ceux qui y échappent; que pour exonérer complètement les uns, le service militaire retombe de tout son poids sur les autres, et que si la loi faisait quelque chose pour adoucir cette rigueur nécessaire, mais aveugle, on ne pourrait sans doute pas la trouver injuste.

Or, de même qu'il a été possible de résoudre la question d'un avancement équitable pour tous, et tenant compte à la fois de la durée du service et de la supériorité du mérite, de même il est possible d'améliorer le sort des sous-officiers et soldats et de trouver dans cet acte de justice un nouvel et puissant élément de force pour nos institutions militaires, si fortes qu'elles soient déjà.

C'est ce problème que le projet de loi s'est proposé de résoudre, et il nous paraît l'avoir fait de la manière la plus heureuse et la plus complète.

La solution consiste simplement à faire du service militaire, facultativement et librement pour les sous-officiers et soldats, un état et un avenir.

C'est ce qui n'existait pas ; la carrière militaire n'était que pour les officiers, elle n'existait pas pour ceux qui ne pouvaient s'élever au-dessus des derniers rangs de l'armée, telle est la première lacune que le projet de loi réussit à combler.

La loi obtient le résultat qu'elle s'est proposé en offrant, aux militaires qui ont fini leurs sept années de service obligatoire, et qui sont disposés à rester dans les rangs de l'armée, des avantages tels que leur existence soit exempte de privations et que leur avenir soit assuré.

Laissons complétement à l'écart le système et la combinaison financière du projet de loi ; ne prenons que l'idée générale, mais constatons de suite que l'amélioration qu'il offre ne porte en rien sur les sept premières années de service, que rien n'est changé à cet égard. Ce n'est qu'à l'expiration des sept ans de service gratuit et obligatoire, régis par la loi de 1832, que notre projet de loi prend le sous-officier et le soldat pour lui offrir de de se rengager, de continuer le service militaire et de s'en faire une existence et une carrière.

Mais si le projet de loi n'influe pas directement sur le sort de ceux qui font leurs sept ans de service légal, en leur ouvrant au-delà de ce terme la perspective d'une carrière et d'un avenir, il leur fait un avantage nouveau qui change le caractère du service militaire, et le dépouille heureusement de cette empreinte de sacrifice stérile qui ne lui appartenait que trop.

Il y a en France, dans toutes les fonctions publiques, une existence assurée, un traitement et une pension ; dans l'armée, les grades sont généralement occupés par la classe aisée de la société : pourquoi ceux qui ne peuvent se placer que dans ses derniers rangs, pourquoi l'élément militaire, qui existe dans la classe pauvre comme partout en France, n'aurait-il pas satisfaction ?

Cette satisfaction, le projet de loi la lui donne, et, désormais, celui qui n'aura pas eu la chance de garder ses foyers et de se faire chez lui un état et une famille ne sera plus abandonné et renvoyé sans ressources à son atelier ou à sa charrue. Une compensation lui sera offerte, et il pourra du moins conserver l'asile de son régiment.

Réparer ainsi, autant que possible, ce que le service militaire a forcément d'onéreux, faire aux derniers rangs de l'armée une situation qui ne soit pas complétement sacrifiée, tel est, à un premier point de vue, le but moral du projet de loi. Nous allons voir maintenant son but d'utilité publique.

Ce but n'est autre que de conserver le plus longtemps possible, dans les rangs de l'armée, les hommes qui ont déjà servi; d'obtenir sur une grande échelle le rengagement des anciens militaires et de substituer cet élément précieux à l'élément inférieur des remplaçants.

Le rengagement et le maintien des anciens militaires dans les rangs de l'armée est le but le plus important que l'on puisse se proposer, au point de vue de l'amélioration de notre organisation militaire.

Il a attiré à plusieurs reprises l'attention de nos hommes d'Etat les plus éminents; les adversaires eux-mêmes du projet de loi n'ont pu lui refuser leur approbation.

Examinons rapidement ses avantages : la durée du service est limitée et fixée par la loi à sept années. Généralement et à peu d'exceptions près, les soldats qui ont fait leurs sept ans de service quittent les drapeaux; l'armée se renouvelle ainsi presque complètement par septième; elle perd chaque année les soldats les mieux instruits, les mieux disciplinés, les plus aguerris, pour les changer contre des conscrits dont toute l'éducation est à faire.

On comprend du premier coup d'œil les vices de ce système : le métier de soldat demande, comme tous les autres, un apprentissage; on rencontre dans les hommes plus ou moins d'aptitude; il faut un certain temps pour les former à la discipline, à la régularité, aux exercices militaires, pour les habituer à la fatigue. Les hommes compétents s'accordent à déclarer que, pour les armes spéciales, la cavalerie et les tireurs d'élite, qui rendent tant de services, six ou sept ans ne sont pas trop pour faire un bon soldat, et surtout un bon sous-officier.

En vertu du renouvellement par septième, à peine arrivés à l'état complet d'instruction, les hommes disparaissent de l'armée, l'armée se déforme à mesure qu'elle se forme; en temps de paix, il faut des efforts incessants pour la maintenir au degré le plus avancé possible; en temps de guerre, pendant le cours d'une campagne, il ne suffit pas de combler les vides faits par l'ennemi, il faut combler ceux des libérations; l'armée est décimée par la loi de recrutement, et l'on voit dans ses rangs ceux qui ont fini leur temps et ceux qui en voient approcher l'expiration former un nombre d'hommes considérable qui peuvent envisager avec impatience le terme de leurs travaux, et qui, malgré leur courage, doivent avoir plus de résignation que d'ardeur dans l'accomplissement de leurs devoirs.

Avec un pareil système, vous avez une armée qui ne peut jamais aller au delà d'un certain degré de force; il y a une limite de valeur et de perfection qu'elle atteint, à laquelle elle s'arrête, et qu'elle ne peut dépasser; une armée ainsi composée, qui est en travail continuel de formatio de dissolution, qui perd continuellement ses meilleurs soldats, ceux qui ont l'expérience de la guerre, le corps endurci, l'âme faite au danger, qui peuvent servir de cadre aux jeunes soldats, leur transmettre les traditions; une armée de cette nature se trouve nécessairement arrêtée dans le développement de sa force de guerre ; elle ne devient pas ce qu'elle pourrait devenir avec une organisation meilleure.

Il faut vraiment bien du courage à nos jeunes soldats pour braver la mort comme ils le font. Il leur faut une noble trempe pour jouer aussi gaiement leur vie, sans espoir de grades à quelques exceptions près, sans idées d'avenir et presque de récompense, lorsque, au bout de leur généreux sacrifice, et, rentrés dans leur modeste foyer, ils perdent, en quittant le régiment et l'uniforme, jusqu'à cette solidarité d'honneur qu'ils ont payée de leur sang pour la léguer aux nouveaux venus.

Que si à la gloire de leur noble et généreuse nature, nos soldats sont braves malgré cela, il faut admirer leur héroïsme, mais il faut moins admirer la loi, qui en exige tant de leur part.

Comparez maintenant une armée formée avec des hommes qui sont soldats provisoires et en passant, qui n'ont pas avec leurs officiers la solidarité et l'homogénéité de gens appelés pour longtemps au même état et aux mêmes chances ; qui, en exposant leur vie, font un acte de dévouement et d'abnégation d'autant plus héroïque qu'il est stérile pour eux ; comparez une semblable armée à une armée composée d'hommes voués à la carrière des armes, l'ayant embrassée volontairement, en ayant le goût et la vocation, sans esprit de retour dans le foyer et le repos de la famille, vivant de la vie militaire, y trouvant une existence et un avenir qui leur conviennent, et acquérant ainsi par le perfectionnement de chaque soldat et par le perfectionnement d'un ensemble dont toutes les parties sont choisies, cette valeur physique et morale qui constituerait le plus haut degré possible de la force militaire.

Il doit résulter de cette comparaison que la supériorité de ce qu'on appelle une vieille armée sur une armée de conscrits est un fait incontestable, et l'histoire a pu trouver souvent, dans l'âge des armées, la cause et l'explication de leurs victoires et de leurs revers.

Vous le voyez, l'amélioration du sort des sous-officiers et soldats, leur rengagement, leur maintien durable dans les rangs de l'armée, se lient étroitement et profondément à l'amélioration de l'armée elle-même.

A côté de ces avantages du projet de loi, nous ne pouvons passer sous silence la satisfaction qu'il donne à une grande pensée d'humanité. Les résultats de l'appel et de l'incorporation des jeunes soldats dans les rangs de l'armée a des côtés tristes ; c'est une épreuve à laquelle ils ne résistent pas tous, et l'on est surpris de la différence de mortalité qui existe entre les jeunes et les anciens soldats.

Ainsi, d'après des évaluations qui remontent à quelques années, on perd 7 et demi pour cent de jeunes soldats la première année, 6 et demi pour cent dans la seconde, 5 et quart pour cent dans la troisième, 4 et demi dans la quatrième, 3 dans la cinquième, 2 dans chacune des suivantes. Et, d'après l'exposé des motifs, on peut établir une moyenne de 6 pour cent dans les premières années, de 2 pour cent dans la dernière.

On comprend que les jeunes soldats enlevés à leurs familles et encadrés dans un régiment sont atteints au physique et au moral; il y a parmi eux des inaptitudes contre lesquelles il faut lutter; cela fait des victimes, et il en résulte des pertes douloureuses pour l'Etat, cruelles pour les familles, que l'on peut diminuer chaque fois que l'on conserve un ancien soldat au lieu d'en prendre un jeune. Ces pertes, déjà sensibles en temps de paix, prennent avec la guerre des proportions effrayantes; les armées trop jeunes fondent, suivant l'expression consacrée, et disparaissent presque entièrement, laissant leurs hommes sur les routes et dans les hôpitaux, s'il y a des distances à parcourir et des fatigues à essuyer avant d'atteindre le théâtre de la guerre, tandis que les armées éprouvées, comme le dit l'exposé des motifs, arrivent intactes sur les champs de bataille et ne trompent ni les calculs du général, ni la confiance et les besoins de la patrie.

L'adoption du système de rengagement des anciens soldats fournit encore la solution la plus heureuse et la plus inattendue d'un problème depuis longtemps à l'étude, à savoir : l'organisation de la réserve.

Une armée qui se compose d'un grand nombre d'anciens sous-officiers et soldats contient des cadres toujours prêts à recevoir et à s'assimiler des levées nouvelles de conscrits; vous pouvez passer ainsi subitement du pied de paix au pied de guerre et doubler sans l'affaiblir votre armée; les anciens soldats, en encadrant les jeunes, leur communiquent leur expérience, soutiennent leur moral, leur apprennent le métier, et entre eux il y a un véritable assaut de bravoure.

Enfin, nous trouvons dans l'exposé des motifs du Gouvernement un aperçu qui sera apprécié du Corps législatif : c'est celui par lequel on nous fait entrevoir que la réalisation du but que se propose le projet de loi serait un moyen puissant et efficace d'arriver, en temps de paix, à la réduction de l'effectif de l'armée et à des économies sur le budget de la guerre; c'est une perspective que nous avons envisagée sérieusement et à laquelle nous attachons le plus grand prix. Il est certain que, quand notre armée sera plus forte, elle n'aura pas besoin d'être aussi nombreuse, et, à côté de l'économie si désirable qui en résultera pour les finances de l'État, il y aura cet autre avantage que les appels seront moins nombreux et que moins de jeunes gens seront enlevés à leur foyer et à leur destination.

En prenant moins d'hommes faits aux labeurs de l'industrie et de l'agriculture, on rendra aussi à la société moins d'anciens soldats habitués à vivre aux frais du Gouvernement, à être logés, vêtus et nourris mieux que ne le sont nos paysans et nos ouvriers, et qui, en rentrant chez eux, s'y trouvent malheureux et déclassés pour la plupart. Avec l'habitude des armes et d'un certain genre d'oisiveté contracté dans les casernes, leur présence dans les villes n'est pas toujours sans danger, et l'on pourrait chercher des cadres pour l'émeute là où des institutions plus prévoyantes auraient le meilleur élément d'une armée.

Tels sont les principaux motifs de la disposition fondamentale du projet de loi qui s'applique au rengagement.

Ces considérations répondent d'avance à une objection qui s'adresse à l'ensemble du projet de loi et qui consiste à contester son opportunité : nous voulons cependant en faire l'objet d'un examen plus spécial.

Le projet de loi, dit-on, est une expérience sur l'organisation de l'armée; le succès n'en est pas certain d'avance. Pour ceux qui conservent des doutes à cet égard, il paraît imprudent de le tenter en présence d'une guerre difficile, au moment où notre armée a besoin de toutes ses forces, et où rien ne doit venir la troubler.

Pourquoi, ajoute-t-on, toucher à une organisation qui fonctionne si bien et qui prépare de si belles pages à l'histoire?

Comment peut-on vouloir mieux que ce que nous avons? de plus braves soldats, une armée plus héroïque et plus de prodiges de valeur? Est-ce possible?

Ce sont précisément les succès de nos armes achetés par des prodiges d'héroïsme, de constance et de valeur qui doivent nous faire réfléchir.

Dans l'état actuel de l'Europe, au point de vue militaire, l'armée que nous avons envoyée en Orient pourrait être considérée presque comme une vieille armée ; elle a conquis de la gloire, mais les grands résultats de guerre ne sont pas encore obtenus, et ce que l'on veut, ce n'est pas de lui faire enfanter de nouveaux prodiges, mais c'est de la conserver à la France après le glorieux baptême qu'elle vient de recevoir.

Il y aurait folie, quand on a une armée arrivée au degré de la nôtre, à ne pas considérer son intégrité comme le plus précieux des intérêts de la France; sous le rapport de ses brillantes qualités, elle n'a rien à gagner sans doute, et il n'y a rien non plus à lui faire perdre, mais la France doit ménager le sang de ses enfants et non le prodiguer.

Sans nous demander ce que la formation de l'armée d'Orient a pu coûter de larmes au pays, ce que les maladies nous ont fait perdre de jeunes soldats ; sans nous appesantir sur les enseignements qui peuvent résulter de la guerre actuelle, nous en savons assez pour comprendre combien la pensée qui a dicté le projet de loi est sage, prévoyante et humaine.

Aussi, non-seulement nous n'avons pu partager les craintes qui viennent d'être exprimées, mais il nous a semblé que jamais il n'y avait eu plus d'opportunité et d'urgence à résoudre la question soulevée par le projet de loi, et que ce devait être là le motif de sa présentation au Corps législatif.

Qu'y a-t-il, en effet, de plus opportun et de plus urgent que de retenir dans les rangs de l'armée les braves qui en soutiennent si bien l'honneur en Orient? Sera-t-il jamais plus nécessaire qu'aujourd'hui, lorsque nous entretenons si loin de nous une si grosse armée, de s'efforcer d'atténuer à son égard la mise en coupe réglée du recrutement? Non, il ne sera jamais plus important et plus nécessaire que maintenant de conserver le cœur de notre armée, de tendre le nerf de nos dispositions militaires; et cela, non pas seulement par les voies exceptionnelles que la loi met momentanément à la disposition du Gouvernement, mais par des voies normales et durables.

A d'autres égards encore, une armée solide et peu susceptible de se démoraliser est un point d'appui indispensable dans les circonstances présentes.

La civilisation a marché, les mœurs se sont adoucies, mais les passions humaines n'ont pas changé et n'ont pas désarmé. Du sein même de cette civilisation, dont nous sommes si fiers, on a vu surgir des passions destructives de toute société et de toute civilisation.

Ce n'est pas la misère des classes laborieuses qui pouvait les engendrer, car, à aucune époque, la société ne s'est préoccupée avec plus de sollicitude et d'efficacité de leur venir en aide et de les soulager. Ces passions sont plutôt le fruit d'une démoralisation, d'autant plus dangereuse qu'elle est incurable; elles naissent chez certains esprits cultivés, mais envieux et avides de jouissances sans travail.

Depuis que ces haines se sont montrées au grand jour sans pouvoir s'assouvir, sur quoi repose le salut de la société, où est sa défense, avec quoi l'ordre est-il maintenu? Avec la force, rien que par la force.

Il faut cependant que la société soit désormais à l'abri d'un coup de main. Ne soyons donc pas dédaigneux pour les nouvelles garanties d'ordre et de sécurité publique qui nous sont offertes par le projet de loi.

Notre sûreté intérieure fait notre force extérieure, et l'Europe assiste en ce moment à un spectacle qui doit ouvrir les yeux.

Les projets de la Russie sont démasqués: le monde entier peut voir que c'est une guerre de fanatisme et d'ambition qu'elle a engagée; et ce n'était pas seulement Constantinople, c'était bien l'Europe qui était menacée de devenir cosaque.

La grandeur de la lutte prouve à quel point elle était nécessaire et combien le colosse avait grandi et s'était préparé. Et cependant, à l'origine, l'Europe a hésité; et en présence de cette guerre lointaine, qui ne soulevait pas nos passions nationales, si nous avions eu un gouvernement moins fort, moins résolu, moins confiant dans l'armée, qu'en serait-il arrivé?

Vous le voyez, il ne faut rien négliger de ce que nos institutions militaires peuvent gagner encore; cela est bon pour la guerre d'abord; et si la paix doit se faire plus vite et meilleure, c'est également à ce prix.

Enfin le Gouvernement actuel est-il le seul et premier qui ait songé à porter réforme et perfectionnement dans nos institutions militaires? Gardons-nous de le croire. Des tentatives sérieuses se sont déjà produites, et, tout en rendant justice aux grandes qualités de nos forces de guerre, leurs vices ont été signalés par les hommes les plus compétents et les moins suspects de s'incliner devant le régime de la force. Au sein de la paix profonde et systématique qui a régné de 1830 à 1848, il s'est élevé des projets de réforme. A la suite des événements de 1840, qui soulevèrent des craintes de guerre, plus vite dissipées qu'elles n'avaient été conçues, l'émotion qui en résulta, si passagère qu'elle ait été, suffit pour éveiller la prudence expérimentée du maréchal Soult, alors ministre de la guerre: il connaissait le côté faible de notre armée et voulut y remédier; il résulta de ses efforts plusieurs propositions qui firent l'objet de l'étude des chambres de 1841 à 1843; elles se terminèrent par un rapport de l'honorable M. Vivien, à l'appui d'un projet de loi qui ne fut pas adopté. En 1849, nouvelles appréhensions de guerre, nouvel effort impuissant qui n'aboutit qu'au rapport du général La Moricière. Mais comme l'avenir était resté menaçant, on s'était de nouveau mis à l'œuvre sous l'Assemblée législative, et une Commission formée des hommes les plus éminents préparait un projet de réorganisation de l'armée, lorsque les événements du 2 décembre vinrent la dissoudre.

Ainsi, sous tous les régimes et à chaque appréhension de guerre, on a essayé d'améliorer notre organisation militaire; ce qui prouve qu'il y a quelque chose à faire et que cela est encore plus important pour la guerre que pour la paix.

Ce qu'il fallait faire, on le savait. Le but était bien démontré; il fallait conserver dans les rangs de l'armée le plus grand nombre possible d'anciens militaires; mais le moyen d'y parvenir n'avait pas été trouvé. Augmenter le nombre des années de service était une rigueur dangereuse qui n'avait pu se faire accepter; la pensée de ne retenir les anciens militaires que par leur propre avantage était la plus juste et la meilleure : c'est celle du projet de loi.

Il suffisait pour cela de combler la lacune que nous avons indiquée et de faire du service militaire une carrière pour les sous-officiers et soldats. La leur faire aux dépens du budget était peut-être ce qui jusqu'alors en avait éloigné l'idée; une combinaison heureuse s'est présentée, celle de faire des remplaçants avec les soldats rengagés et de les doter avec le prix du remplacement; le but est atteint, il n'en coûte rien à l'État, et à côté de ces avantages on obtient en même temps un résultat tout autre, non moins considérable et cherché depuis longtemps, qui est l'amélioration du remplacement militaire.

Une difficulté restait à résoudre : suffisait-il d'obtenir des rengagements à l'aide de certains avantages pécuniaires, de les faire servir au remplacement jusqu'à concurrence du nombre obtenu et, pour le reste des remplacements à faire, de laisser subsister le système qui se pratique actuellement?

C'était une idée simple et qui, en apparence, allait droit au but; ses familles se seraient adressées à l'Etat plus volontiers qu'aux compagnies de remplacement. L'Etat aurait d'ailleurs pu forcer à prendre ses remplaçants, et il n'aurait eu qu'à équilibrer la dépense à faire et la recette à percevoir.

Mais la possibilité de cette combinaison s'évanouit au premier examen, et elle demeure convaincue d'impuissance et d'inefficacité. Dès que l'Etat est obligé de convertir des rengagés en remplaçants, c'est-à-dire de faire pour son compte, et dans une certaine mesure, du remplacement militaire, il se trouve nécessairement en face de la concurrence des compagnies auxquelles il vient disputer leurs meilleurs sujets. La guerre s'établit entre elles et lui; or, l'Etat, malgré toute sa puissance, ne peut pas employer les mêmes moyens et disposer des mêmes ressources que les compagnies de remplacement; elles auraient payé les hommes plus cher et argent comptant; elles auraient fait appel et donné aliment à leurs passions. L'Etat, plus moral et moins industriel, eût été vaincu.

Les chiffres rendront ceci plus sensible : il y a chaque année environ six mille anciens soldats qui se vendent comme remplaçants ; ce sont ceux-là d'abord et avant tout qu'il s'agit d'enlever au remplacement et de conquérir au rengagement. Voilà le terrain principal sur lequel la lutte se serait engagée : Or, mettre l'Etat dans la nécessité de disputer les hommes aux compagnies, de les disputer pour ainsi dire à l'enchère, c'était le placer dans une situation indigne de lui, tout à fait désavantageuse ; et le rengagement, au lieu de s'accomplir dans des conditions morales qui le relèvent et en font la valeur, n'aurait plus été qu'un marché à l'encan. L'Etat n'aurait pas pu accepter une pareille situation, et c'est inutilement qu'il l'aurait fait, car les compagnies de remplacement, habiles en manœuvres et en séductions de tous genres, auraient même, au prix de sacrifices plus ou moins grands mais momentanés, infailliblement réussi à faire avorter à l'origine l'effet de la loi, et par conséquent à ruiner son avenir.

Mettre des entraves au remplacement par des conditions d'âge ou autres eut été gêner, au détriment des familles, l'exercice d'un droit reconnu par la loi.

On était amené à reconnaître que le remplacement par la voie administrative ne peut pas vivre en concurrence avec le remplacement libre, que l'un tue nécessairement l'autre, et que le système qui vient d'être exposé ne pouvait pas être mis en pratique.

Il n'y a, en réalité, qu'une manière d'arriver à la substitution du rengagement au remplacement; c'est de charger du remplacement une institution spéciale, fonctionnant sous la surveillance de l'Etat, et de supprimer le système actuel, c'est-à-dire les compagnies de remplacement.

C'est ainsi que l'on est arrivé forcément, logiquement, par la nécessité de régler les moyens sur le but, au monopole du remplacement placé dans les mains de la Caisse de la dotation de l'armée.

Indépendamment de ce premier motif, et pour sa confirmation, d'autres considérations, des raisons que l'on peut appeler d'ordre et de moralité publique, commandaient depuis longtemps la réforme du système actuel de remplacement.

Ce système était défectueux et réprouvé; il peut disparaître sans laisser de regrets, et s'il s'en élève un autre à la place plus moral et donnant à la fois légitime satisfaction à l'intérêt de l'armée, à l'intérêt des remplaçants, à l'intérêt des familles, il sera accueilli avec faveur par le sentiment public.

Appelés à voter la suppression du mode actuel de remplacement, c'est-à-dire du remplacement par les compagnies, nous voulons rapporter d'abord le jugement rendu depuis longtemps sur lui par l'opinion, jugement dont l'honorable M. Vivien s'est fait l'éloquent et consciencieux organe dans le remarquable rapport dont nous avons déjà parlé.

« Le remplacement inquiète par ses abus ceux qui se préoccupent des » intérêts de l'armée, qui la veulent forte, morale, disciplinée. Le nombre » des remplaçants augmente dans une proportion toujours croissante : » En ce moment (1843), plus de cent mille se trouvent dans les rangs de » l'armée, et chaque année ils composent environ un quart du contin- » gent; ils sont devenus une partie essentielle et considérable de notre » force publique. Un grand nombre accomplissent honorablement leurs » devoirs, obtiennent de l'avancement, arrivent aux grades élevés, et » font oublier qu'un contrat vénal les a appelés sous les drapeaux. Mais, » sans vouloir encourager des préventions souvent injustes, sans nous » écarter des ménagements dus à une portion aussi notable de l'armée, » il est impossible de dissimuler que, dans l'échelle des qualités morales, » les remplaçants sont généralement placés fort au-dessous des jeunes » soldats qui servent pour eux-mêmes. Quant aux condamnations pro- » noncées par les tribunaux ordinaires, les comptes-rendus de la justice » militaire établissent que, parmi les jeunes soldats, la proportion a été » de un prévenu sur quatre-vingts et de un condamné sur cent trente-deux; » pour les remplaçants, elle s'est élevée à un prévenu sur quarante- » quatre et à un condamné sur soixante-deux, c'est-à-dire à peu près au » double. Quant aux peines disciplinaires, un relevé fait sur les registres » de punitions de vingt-quatre régiments, douze d'infanterie et douze de » cavalerie, a donné les résultats suivants : par cent appelés servant pour » eux-mêmes, soixante-onze jours de prison et trois cent dix de salle de » police; par cent remplaçants, deux cents jours de prison et six cent » trente de salle de police. »

Dans ces chiffres, on a tenu compte aux appelés des délits pour insoumission. Si l'on veut en déduire cette nature de délits, qui n'est que le retard apporté par les appelés à rejoindre leur régiment, qui ne touche en rien à leur moralité et ne peut être commis que fort rarement par les remplaçants, on trouve que, pour les jeunes soldats, il y a un condamné sur deux cent trente-neuf, et pour les remplaçants un sur soixante-deux.

Cette proportion différente augmente à mesure que l'on s'élève dans la gravité de l'échelle des peines. Ainsi, pour les condamnations capitales, ou à des peines afflictives et infamantes, les jeunes soldats représentent un condamné sur mille neuf cent cinquante-quatre, tandis que les remplaçants en ont un sur trois cent soixante-onze; enfin, ce ne sont pas seulement les prisons ou les salles de police que les remplaçants sont destinés à peupler, ce sont aussi les infirmeries, les hôpitaux et les ambulances, autant pour des maladies feintes ou simulées, que pour des maux que l'on ne peut pas comparer aux blessures reçues devant l'ennemi.

« Ces chiffres rapprochés, continue le rapport de M. Vivien, représen-
» tent la valeur morale relative de l'une et l'autre catégorie.

» Ces différences peuvent être attribuées à des causes nombreuses et
» complexes. Les principales sont le défaut d'informations suffisantes sur
» les antécédents des remplaçants, le caractère des intermédiaires qui
» participent à ces contrats, et les fraudes qui s'y mêlent d'ordinaire.

» Trop souvent, les remplaçants n'acceptent cette condition que comme
» une dernière ressource; après avoir épuisé toutes les autres, faute de
» moyens d'existence, et à la suite des désordres d'une vie turbulente et
» dissipée qui les a rendus à charge à leur commune, à leur famille et à
« eux-mêmes; des proxénètes sans foi s'emparent d'eux, troublent leur
» raison par d'ignobles orgies, abusent odieusement de leur crédulité, et
» leur volent le prix même d'un contrat qui engage leur liberté et peut-
» être leur vie.

» Il est prouvé qu'en grande partie l'indiscipline des remplaçants tient
» au mécontentement produit par les actes d'exaction dont ils ont été
» victimes, ou aux habitudes de débauche que leur fait contracter la pos-
» session d'un capital chèrement acheté et obtenu tout à coup à la suite
» de longues et dures privations. Celui qui a été dépouillé du prix du
» remplacement ne se croit point obligé par un contrat qui ne lui a pas
» profité, sans s'occuper des liens qu'il a contractés avec l'armée; et, ne
» voyant que les personnes avec lesquelles il a traité, il croit qu'elles
» l'ont affranchi de ses obligations en ne remplissant pas les leurs. Les
» compagnies de remplacement s'emparent des hommes qu'elles veulent
« exploiter, se chargent, pendant tout le temps nécessaires aux formalités
» administratives, de les loger, de les nourrir, et leur donnent souvent,
» en peu de jours, les plus détestables vices. Les devoirs militaires ne
» sont plus pour eux qu'un intolérable fardeau dont ils cherchent à ou-
» blier les ennuis dans l'ivrognerie et le libertinage. »

En résumé, le mode actuel de remplacement est la cause et l'occasion d'actes nombreux d'immoralité et d'exploitation; il donne naissance à un travail de démoralisation sur les remplaçants, qui a le double but de les engager d'abord et de les retenir dans les liens des compagnies, et ensuite de leur soustraire le prix du marché conclu.

Un chiffre donnera l'idée des bénéfices scandaleux obtenus à l'aide de ces manœuvres par les compagnies ou les agents de remplacement. On pense généralement que, sur quarante-deux millions payés par les familles, dix-huit seulement arrivent entre les mains des remplaçants; la différence devient la proie des intermédiaires.

Ainsi, ce système entretient entre les familles et les remplaçants une industrie mal famée qui s'exerce à dépouiller les uns de la rançon payée par les autres.

On peut traduire ainsi les résultats :

Pour les remplaçants, la perte de leur moralité, du prix de leur liberté, du fruit de leur sacrifice; et aux yeux de leurs camarades et de leurs chefs, une prévention et une tache originelle que le sang versé pour la patrie ne parvient pas toujours à effacer;

Pour l'armée, un élément qui ne le cède à aucun autre en bravoure, mais qui n'a pas toutes les qualités désirables de discipline, de soumission et de patience, à la différence des jeunes gens que l'on enlève à leurs familles, et qui, avec le même courage, donnent toujours l'exemple des vertus militaires, la discipline et l'honneur;

Pour les familles, les exigences des compagnies, l'inquiétude de la responsabilité en cas de désertion et dans les circonstances critiques, lorsque le remplacement leur est plus précieux que jamais, les faillites des compagnies qui, en 1853 comme en 1840, ont violé leurs engagements, non par l'impossibilité de les remplir, mais pour placer les familles dans des embarras dont elles ne pourraient sortir que par une rançon plus forte.

Voilà ce que le projet de loi veut détruire.

Que veut-il mettre à la place? une grand institution fonctionnant sous la surveillance et la garantie de l'Etat, qui favorise dans de justes proportions le rengagement des anciens militaires et s'efforce de le substituer d'une manière complète au remplacement, qui moralise au besoin le remplacement et le rend avantageux à la fois à l'intérêt des remplaçants et des remplacés et à celui des familles.

Enfin qui place dans les mains de l'Etat l'ensemble de la formation de l'armée et le choix des éléments qui la composent.

Cette institution, c'est la Caisse de la dotation de l'armée. Elle appelle les anciens militaires à se rengager par le paiement d'une haute-paie, d'une prime et d'une pension de retraite, au moyen desquelles l'existence du soldat est meilleure, leur avenir plus assuré, que s'ils passaient leur vie dans les travaux du sol ou de l'industrie.

Moyennant le paiement d'une prestation déterminée conformément à la loi, les jeunes gens faisant partie du contingent appelés obtiennent leur exonération et leur libération définitive sans autres formalités, sans responsabilité, sans courir les chances de faillites.

Enfin la Caisse de dotation est exclusivement chargée de pourvoir au remplacement des jeunes gens exonérés, soit aux moyens des soldats rengagés, soit, au besoin, par des remplaçants administratifs. Les compagnies de remplacement sont en conséquence supprimées.

La création de cette institution spéciale, qui est appelée Caisse de la dotation de l'armée, doit fixer notre attention.

Les fonctions qu'elle remplit auraient pu être confiées directement au Gouvernement : c'est ce qu'on n'a pas voulu.

Les opérations du remplacement militaire ont été attribuées à un établissement particulier et créé uniquement dans ce but, pour rendre hommage aux principes de la loi de 1832 et garantir leur observation. La Caisse de la dotation prend en réalité la place des compagnies d'assurance. Elle ne reçoit le prix des exonérations qu'à la condition de l'appliquer au remplacement militaire ; la destination de la somme payée par les familles reste caractérisée, et le sacrifice qui en résulte continue à différer essentiellement de l'impôt, en ce qu'il ne tombe pas dans les caisses de l'Etat, et en ce que, loin d'être destiné à subvenir aux charges publiques, il est employé au bénéfice spécial et particulier de ceux même qui le font.

Nous ne pouvons qu'approuver l'esprit du projet de loi pour avoir fait de la Caisse de la dotation un service spécial, placé en dehors du budget, cherchant à équilibrer les recettes et les dépenses, ne constituant pas une charge directe pour l'Etat, mais pouvant être seulement subventionné par lui à titre de garantie.

Pour achever de suite ce qui concerne l'organisation de cette caisse, nous dirons qu'elle fait l'objet du titre Ier de la loi qui institue, pour l'administrer, une Commission supérieure dont l'article 4 donne la composition. Cette Commission, d'après l'esprit même de la loi, fonctionne dans l'intérêt des familles autant que dans celui de l'Etat, et il importait que sa composition pût être considérée comme donnant satisfaction à cette double considération. C'est par ces motifs que votre Commission, sur la proposition de M. le comte Boissy d'Anglas, a demandé que le nombre des membres de la Commission supérieure fût élevé à quinze, et qu'il y eût nécessairement dans son sein trois membres du Sénat et trois membres du Corps législatif. Cet amendement a été adopté par le conseil d'Etat.

Nous croyons avoir suffisamment expliqué, par tout ce qui précède, les considérations qui justifient le projet de loi dans tout ce qu'il a de favorable à l'organisation de l'armée et à l'amélioration du sort des sous-officiers et soldats ; il nous reste maintenant à l'envisager sur d'autres points de vue et surtout à répondre aux critiques qui se sont élevées contre lui.

Il résulte de la création de la Caisse de la dotation de l'armée et de l'ensemble des dispositions du projet de loi, que le système du remplacement libre ou remplacement par les compagnies est supprimé, et que le monopole du remplacement est placé entre les mains de la Caisse de la dotation.

Ce nouveau système demande à être expliqué.

A côté de l'obligation du service personnel, la loi de 1832 a placé l'exception de la faculté du remplacement.

La faculté de remplacement n'est pas ce qu'on peut appeler un droit absolu, elle dérive de la loi ; mais elle est consacrée par un long usage et autant par des motifs d'intérêt public que d'intérêt privé.

Le remplacement est juste, parce qu'il profite à ceux qui s'en servent sans nuire à ceux qui ne s'en servent pas ; il ne crée pas d'inégalité entre ces deux classes, il est seulement la conséquence de l'inégalité des conditions humaines ; passez le niveau sur tout ce monde, et vous produirez le genre d'égalité nécessaire pour que chacun rende en personne le service militaire.

A un autre point de vue, l'intérêt de l'agriculture et de l'industrie, celui des professions libérales, des fonctions et des carrières civiles, des progrès des sciences et des arts, en un mot de la civilisation elle-même, défendent hautement d'imposer à tous indistinctement l'obligation de passer dans une caserne, à faire le métier de soldat durant les années les plus fécondes de la vie : ce serait causer à la jeunesse un irréparable dommage, lui fermer la carrière qui a fait l'objet de son travail, de ses veilles et des sacrifices de sa famille ; ce serait priver les diverses branches des connaissances humaines des conditions nécessaires pour obtenir leur progrès et leur perfectionnement ; ce serait sacrifier les intérêts de la société tout entière.

Si la loi du recrutement et l'obligation du service personnel ont pu si bien s'introduire dans nos mœurs, c'est assurément grâce à ce tempérament consacré par la loi de 1832, de la faculté du remplacement, et, jusqu'à ce jour nul ne peut dire qu'elle ait énervé l'obligation du service militaire.

La faculté de remplacement est donc devenue pour ainsi dire, un principe et un droit.

Ce droit jouissait même, en vertu de la loi de 1832, d'une garantie qui consistait dans la liberté de remplacement.

Nous avons vu comment, pour assurer le succès du système de rengagement combiné avec le remplacement militaire, il a fallu nécessairement et pratiquement arriver à la suppression du remplacement par les compagnies, et à la constitution du monopole de la Caisse de la dotation.

Ce changement enlève au remplacement la liberté qui le garantissait.

Avec le remplacement administratif, pour que ce système ne puisse pas devenir la confiscation de la faculté de remplacement, il faut plus que jamais lui accorder une garantie.

C'est ce qui a produit la combinaison du projet de loi contenue dans l'article 5.

Elle consiste, en substituant l'exonération au remplacement, à faire de l'exonération un droit pour les familles, une obligation pour l'Etat.

C'est ce qui est exprimé par les termes de l'article 5, qui dit : « Les jeunes gens compris dans le contingent actuel obtiennent l'exonération du service au moyen de prestations versées à la Caisse de la dotation... »

Ainsi, il résulte de la loi que l'Etat prend l'engagement envers les familles d'exonérer les jeunes gens, moyennant une somme déterminée, conformément à ses dispositions.

Tel est le système net, loyal et logique du projet de loi.

Malgré ces incontestables avantages, le système n'a pas été assez heureux pour satisfaire tout le monde ; il a rencontré des critiques dans le sein de votre Commission ; c'est sur lui que se sont concentrées les attaques des adversaires du projet de loi.

Car il y a ceci de remarquable, que la pensée principale du projet de loi, que les deux grands résultats qu'il se propose, savoir : la conservation des anciens militaires dans les rangs de l'armée et la réforme des vices du remplacement ont été généralement et hautement approuvées, mais en même temps que les moyens nécessaires et indispensables pour arriver au but sont discutés et refusés.

La principale des objections élevées contre le projet de loi l'accuse de porter atteinte aux principes fondamentaux de la loi de 1832.

On s'empare du droit d'exonération établi par l'article 5 pour dire que cette faculté de se libérer du service, moyennant une somme d'argent, détruit le principe du service personnel ; que désormais l'impôt et l'obligation du service personnel sont convertis en un impôt et une dette d'argent ; qu'on aura de l'argent au lieu d'hommes, et que l'effectif de l'armée se trouvera compromis.

Ces critiques n'ont heureusement rien de fondé ; la loi de 1832 n'est pas en cause, ses principes restent intacts ; on chercherait en vain à donner le change aux esprits.

Le principe du service personnel, attaqué dit-on, conserve au contraire toute sa vigueur ; il existe dans sa force, d'abord à l'égard de ceux qui ne peuvent pas se faire remplacer et cela comprend les trois quarts du contingent, soixante mille hommes sur quatre-vingt mille : mais il subsiste également dans toute sa force à l'égard de ceux qui veulent se faire remplacer.

En effet, en vertu de la loi de 1832, le service personnel est obligatoire, sauf la faculté de remplacement ; en vertu du projet de loi, le service personnel reste obligatoire, sauf la faculté de l'exonération ; c'est au remplacement et non pas au service personnel que se trouve substituée l'exonération ; elle fait au service personnel la même exception que faisait le remplacement, voilà ce qui est vrai.

Le principe de la loi de 1832 n'est pas plus détruit par la faculté d'exonération qu'il n'était détruit par la faculté de remplacement ; au lieu de dire : Servez, ou fournissez-moi un homme, l'Etat dira toujours : Servez, ou donnez-moi le prix d'un homme ; la seule différence consiste donc en ce que l'Etat, au lieu de demander un remplaçant, demande le prix d'un remplaçant; il n'y a rien autre chose de changé, et c'est toujours la même règle confirmée par la même exception.

C'est qu'en effet les bases fondamentales de la loi de 1832 ne sont pas touchées, à savoir la formation des classes qui comprennent tous les Français âgés de vingt ans, la loi des appels, qui fixe le contingent, et le tirage au sort qui décide entre ceux qui font ou qui ne font pas partie du contingent.

Ce sont là les véritables principes essentiels de notre loi du recrutement, et cette loi reste tellement en vigueur, et l'Etat est si bien armé de la même puissance que par le passé, qu'en vertu de la loi, et sans qu'il en soit besoin d'autre, une mesure législative pourra toujours ordonner la levée en masse de la classe qui arrive à son temps, et donner à la France autant de soldats que la Providence a bien voulu lui accorder de citoyens jeunes et robustes.

C'est là le point qu'avant tout, pour la satisfaction de notre conscience, pour répondre à d'injustes attaques. pour bien faire connaître l'esprit de la loi, nous voulions nous efforcer de rendre aussi clair que possible.

Si notre armée n'est pas atteinte dans sa force matérielle, on prétend qu'elle l'est du moins dans sa force morale; il y a, dit-on, dans le projet de loi une tendance à substituer le principe vénal et mercenaire au principe du service gratuit, la dignité et la valeur morale de l'armée peuvent y perdre. Le sentiment noble et généreux qui ne voyait que l'avancement, le grade et l'honneur, sera altéré; le calcul et l'intérêt remplaceront l'enthousiasme qui enfante les prodiges.

Enfin, notre armée sera moins nationale, et nous sommes sur la pente du système anglais.

Non, notre armée ne sera pas moins nationale que par le passé; les remplaçants choisis par l'Etat vaudront bien ceux que fournissaient les compagnies; l'armée continuera par les appels à se rajeunir et à se retremper chaque année dans la jeunesse entière du pays, dans le sang le plus généreux et le plus patriotique de la France; c'est le sentiment national qui coulera toujours dans ses veines.

Fera-t-elle moins de prodiges de valeur parce qu'elle sera composée d'un plus grand nombre d'anciens soldats? La rivalité de bravoure qui s'élèvera entre eux et les jeunes lorsqu'ils marcheront au feu ensemble, ne sera-t-elle pas, au besoin, un nouveau gage de victoire? La bravoure n'a rien à perdre en s'alliant au sang-froid et à l'expérience, et l'élan qui caractérise les armées françaises est naturel à la nation. La solidité des vieilles troupes est une qualité que le temps et l'habitude peuvent seuls donner.

Si c'est une crainte que les adversaires du projet de loi ont voulu exprimer, personne ne voudra y croire, même de leur part, et si l'on veut absolument chercher des comparaisons dans l'armée anglaise, on verra bien, en présence de l'inébranlable valeur dont elle a fait de si récentes preuves, que, s'il lui manque quelque chose, ce n'est pas le courage.

Si l'on veut dire que, pour conserver au sentiment de l'honneur militaire sa pureté et son prestige, il faut que la carrière soit gratuite, cela ne se comprend pas bien, car il n'y aurait alors d'honneur que pour les soldats, et il n'y en aurait pas pour les officiers qui ne servent pas gratuitement; pourquoi demanderait-on plus de désintéressement aux inférieurs qu'aux supérieurs?

La carrière militaire est glorieuse, mais elle n'est pas une carrière d'honneur, par préférence aux autres.

La vérité est qu'une fois la dette de sept ans de service gratuit payée à la patrie, on ne peut pas avoir la prétention sérieuse de conserver les soldats dans les rangs de l'armée, et de les obliger, par honneur, à servir *gratis* toute leur vie.

Il est juste que, pour les soldats comme pour les officiers, lorsque le temps du service légal est fini, *lorsque le service militaire cesse d'être un impôt pour devenir une carrière*, il soit équitablement rémunéré.

Notre armée sera-t-elle pour cela mercenaire? Tomberons-nous pour cela dans le système anglais?

Si l'on veut voir dans l'exonération un principe de vénalité, c'est à la loi de 1832 qu'il faut s'en prendre; car cette vénalité n'est pas autre que celle du remplacement, et c'est cette loi qui l'a consacrée.

Mais ni le remplacement ni l'exonération ne rendent une armée mercenaire; gardons-nous d'établir une comparaison entre l'armée française et l'armée anglaise, et de distinguer entre le mérite de l'une et celui de l'autre; qu'il nous suffise de pouvoir dire que l'armée française ne sera pas mercenaire, parce que l'Etat n'achètera et ne paiera pas un seul des hommes qui la composent.

En vertu du projet de loi comme en vertu de la loi de 1832, les soldats qui serviront pour de l'argent ne seront pas payés par l'État. Il n'y aura de payé que ceux qui serviront pour autrui, qui seront des remplaçants, et ils seront payés non pas par l'Etat, mais par ceux qu'ils remplaceront.

L'exonération substituée au remplacement ne change rien à ces principes et à ces faits; tous les Français n'en continuent pas moins à devoir au pays un service gratuit de sept années; l'armée, à ce point de vue, ne coûtera rien à l'Etat. Comment peut-on voir là une armée mercenaire et vénale?

On reproche au système du projet de loi d'immobiliser les bas grades, de mettre obstacle à l'avancement et d'enlever un mobile à l'ardeur du soldat : en présence des avantages irrécusables du projet de loi, ce serait un petit mal pour un grand bien, mais ce petit mal n'existe même pas. Les bas grades ne pouvaient pas être l'objet d'une grande convoitise, quand on devait quitter l'armée et la perdre à la septième année de service; ils le deviendront au contraire, quand il s'agira de les conserver pendant une carrière de vingt-cinq années. Si on les attend un peu plus, on les gardera plus longtemps : n'est-ce pas là plus qu'une compensation? Dans l'état actuel, on est souvent embarrassé des bas grades à donner ; dans l'état futur, on peut être convaincu qu'il y en aura encore chaque année une ample distribution à faire, et malheureusement, en temps de guerre, c'est un mobile qui ne manquera pas à l'ardeur des jeunes gens.

La dernière objection générale élevée contre le projet de loi est celle de la question des moyens pratiques. On reproche à l'Etat de se faire recruteur, de se charger d'une mission qui compromet sa dignité et celle de ses agents, qui, dans les temps de guerre, l'expose, par la cherté de l'exonération, aux malédictions des familles; enfin, d'entreprendre une tâche qu'il est incapable d'accomplir. L'Etat, dit-on, ne pourra pas et ne saura pas trouver de remplaçants.

Le recrutement de l'armée est un des plus importants de nos grands services publics; il n'y a rien là d'indigne des soins du Gouvernement; ses agents n'auront à se compromettre en rien, car il ne s'agit pas d'une armée soudoyée et fournie à prix d'argent. L'armée existe par la loi de 1832; il s'agit seulement de demander au pays les remplaçants qu'il fournit ordinairement; il suffira pour cela de faire appel aux populations par l'intermédiaire des préfets, des sous-préfets et des maires, comme dans les emprunts on fait appel à son argent. Il n'y a rien là d'indigne ni de compromettant.

Mais on prétend que cet appel ne sera pas entendu, que l'Etat est incapable de trouver par les voies loyales les remplaçants dont il a besoin, que les compagnies seules pouvaient faire cette besogne par les moyens qu'elles emploient et qu'elles seules peuvent employer.

Dieu merci, l'Etat ne se servira pas des mêmes moyens que les compagnies, et cela suffira, selon nous, pour qu'il trouve plus de remplaçants qu'elles n'en trouvaient. Quand on saura qu'on a affaire à l'Etat, qu'il n'y a ni fraude, ni exploitation, ni faillite à craindre, que le contrat sera loyal, honorable, exécuté, pourquoi n'y aurait-il pas autant et plus de remplaçants que quand tous ces avantages n'existaient pas?

Examinons la question avec les chiffres, et voyons si la tâche de l'Etat sera bien difficile.

Il faut, en temps de paix, avec des appels de 80,000 hommes et une réserve, 16,000 remplaçants; en temps de guerre il en faut environ 20,000. Sur ces seize mille ou ces vingt mille remplaçants, l'Etat en a déjà douze mille de trouvés : ce sont les anciens soldats qui se rengagent ou qui se vendent comme remplaçants, et dont le nombre s'élève en moyenne à douze mille par an.

Comparons maintenant la situation de l'Etat et celle des compagnies, et voyons où sera l'avantage.

Il fallait aux compagnies seize mille ou vingt mille remplaçants, et elles

les trouvaient facilement; il n'en faudra à l'État que quatre mille ou huit mille; et les adversaires du projet de loi prétendent que l'État ne les trouvera pas!

L'élément remplaçant existe en France dans une telle proportion, qu'il ne s'en présente pas seize mille par an mais bien trente-cinq mille; et, sur ce nombre, on prétend que l'État ne sera pas assez heureux pour en trouver quatre mille!

La libération fait sortir des rangs de l'armée quarante-cinq mille hommes par an, et l'on prétend que l'État ne parviendra pas à en retenir quatre ou cinq mille!

Le remplacement coûtait aux familles quarante-deux millions, il ne revenait que dix-huit millions aux remplaçants, le reste faisait le bénéfice des compagnies; et l'on prétend que l'État, qui n'aura pas de bénéfices à faire, ne pourra pas, avec quarante-deux millions, faire ce que les compagnies faisaient avec dix-huit millions!

Et l'on prétend tout cela lorsque l'État améliore sensiblement l'existence des sous-officiers et soldats pendant le temps du service, lorsqu'il en abrége la durée, lorsqu'il leur assure, à son expiration, la propriété d'un capital et la jouissance d'une pension de retraite suffisante, lorsqu'il efface la tache originelle du remplacement, lorsqu'il fait, en un mot, aux sous-officiers ou soldats une carrière plus honorable et bien plus avantageuse que par le passé!

En présence de ces avantages, soutenir que l'Etat ne trouvera pas quatre ou cinq mille rengagés de plus ou remplaçants au besoin, c'est un peu fermer les yeux à la lumière : le rengagement, à lui seul, suffira pour fournir ces quatre ou cinq mille hommes, c'est notre profonde conviction; et le remplacement n'aura même plus à se montrer. En temps de paix, cela n'est douteux pour personne, pas même pour la plupart des adversaires du projet de loi; en temps de guerre, est-il nécessaire de rappeler que, quand il n'y avait ni état ni avenir pour les sous-officiers et soldats, il y avait cependant un redoublement d'enrôlements volontaires; qu'en 1853 il y en a eu dix mille sans l'excitation d'une guerre nationale qui fait voler à la frontière; que les compagnies n'en ont jamais manqué, et que c'est bien plus l'argent qui fait défaut au remplacement que le remplacement ne fait défaut à l'argent.

Dans un pays comme le nôtre, où l'on ne craint pas le danger, avec le caractère français qui est séduit par la vie et les dehors militaires, qui aime à être pensionnaire de l'État, à ne pas avoir à songer aux besoins journaliers de l'existence, à trouver dans un traitement fixe et une pension, le présent et l'avenir assurés, on ne doit craindre qu'une chose, c'est que l'on ne trouve beaucoup meilleur d'être militaire que d'être ouvrier ou paysan, et que l'état militaire ne soit sollicité comme une fonction et une place.

Quant à la malédiction des familles lorsque l'exonération deviendra coûteuse en temps de guerre, il faut, pour y croire, faire peu d'honneur au bon sens de la population et à la loyauté du Gouvernement.

Le Gouvernement ne sera pas assez insensé pour pressurer les populations à l'aide de l'exonération des jeunes gens, et les populations se rendront parfaitement bien compte, par le prix que l'État sera obligé de payer aux rengagés et aux remplaçants, du prix qu'il est obligé de demander lui-même pour l'exonération.

Enfin, on dresse contre le projet de loi un dernier chef d'accusation.

Il y avait environ par an six mille soldats qui se rengageaient; ces six mille hommes comptaient dans l'effectif, c'était donc six mille de moins à appeler chaque année sous les drapeaux. Or, maintenant que ces six mille rengagés vont servir de remplaçants, cela va faire un vide dans l'effectif qui n'existait pas avant, il faudra donc élever chaque année les appels du chiffre de six mille hommes.

Les riches seront ainsi exonérés au moyen des rengagés, et au lieu de cela les appels devenus plus considérables frapperont sur les pauvres.

Il n'en sera pas ainsi : n'abusons pas d'abord de l'argument qui place l'intérêt des pauvres en opposition avec celui des riches; ici, d'ailleurs, l'intérêt n'est ni assez marqué ni assez prouvé pour qu'il soit prudent de toucher une pareille corde et de s'en faire un moyen contre la loi.

Car l'argument n'existe même pas, et les faits prouvent contre ceux qui le mettent en avant. Les appels ne seront pas plus considérables par plusieurs raisons.

D'abord, le nombre des enrôlés volontaires croîtra infailliblement avec une loi comme la nôtre, et il comblera tout ou partie du vide laissé par les rengagés.

Ensuite, non-seulement on n'appellera pas plus, mais on appellera moins de soldats, parce qu'on en perdra moins par les maladies et l'acclimatation au régime militaire, et parce qu'on en aura besoin d'un moins grand nombre.

Si l'on veut réfléchir à la force de constitution que donneront à l'armée la nouvelle organisation et la consistance morale, surtout pour le maintien de l'ordre qui en résultera pour elle, on sera parfaitement convaincu qu'on pourra faire face aux mêmes nécessités que par le passé, avec un effectif moindre; et qu'il sera diminué, non pas de quelques milliers d'hommes, mais dans une proportion beaucoup plus considérable.

Nous croyons avoir répondu aux critiques qui ont été le plus généralement élevées contre le système du projet de loi; nous avons par cela même répondu aux amendements qui tendaient à supprimer, changer ou modifier profondément ce système.

Tels sont ceux de MM. le général Dautheville, le général Lebreton, le marquis d'Andelarre, le comte Caffarelli . . . .

. . . .

. . . .

. . . .

Cependant quelques-uns de ces amendements nécessitent des observations particulières.

M. le général Dautheville pense que l'accroissement du nombre des rengagés, l'augmentation de la pension de retraite des sous-officiers et soldats, la réforme du remplacement militaire, sont autant d'améliorations importantes; mais il croit que ces avantages sont indépendants du remplacement administratif, et il craint que le monopole du remplacement par l'État ne développe le goût de l'exonération parmi les populations, de manière à porter atteinte à l'honneur militaire, en substituant le principe du service vénal au principe du service personnel, au patriotisme et au dévouement qui entretiennent le feu sacré dans nos régiments, et qu'à la longue la composition de l'armée n'en soit altérée.

M. le général Dautheville aurait donc voulu que le déficit qui aurait pu se trouver dans les rengagements fût comblé par les contrats de remplacement passés de gré à gré, mais à la condition de moraliser ce genre de remplacement.

On aurait pu y parvenir, selon lui, en exigeant des attestations de moralité complète de la part des maires, unis à l'affirmation des sous-préfets et préfets, et, enfin, la présence du notaire pour les contrats de remplacement, avec prohibition de toutes contre-lettres.

Sur ce dernier point, la Commission a pensé que ces garanties étaient à peu près illusoires et ne présentaient que des remèdes tout-à-fait insuffisants aux vices du remplacement actuel. Elle a donc rejeté l'ensemble de l'amendement par cette raison et par celles qui ont été précédemment exposées.

Une partie de l'amendement du général Lebreton faisait disparaître le système de remplacement du projet de loi, c'est le motif qui l'a fait rejeter par la Commission; mais la seconde partie de son amendement, sur l'article 5, dérivait d'un tout autre ordre d'idées.

M. le général Lebreton voulait que le Gouvernement fût autorisé à accorder l'exonération du service militaire à ce qu'il appelait des soutiens de famille, c'est-à-dire aux jeunes gens dont le travail et les soins pouvaient être considérés comme indispensables à l'existence de leurs parents.

Tout en rendant justice à la pensée humanitaire qui a dicté cet amendement, votre Commission n'a pas cru pouvoir l'adopter.

D'abord, la loi de 1832, en faisant des catégories de dispenses et d'exemption, a prévu les cas où un jeune homme peut être considéré comme l'indispensable soutien de sa famille : nous citerons le fils de la veuve, le frère de celui qui est sous les drapeaux, etc. En dehors de ces catégories, on tombe dans l'arbitraire, et, en matière de service militaire, il faut avant tout s'en préserver.

Cependant, la loi a admis qu'il pouvait y avoir des cas imprévus, et elle a encore autorisé, en observant certaines formalités, à admettre ce que l'on appelle les positions intéressantes de famille, mais dans une proportion de 2 pour cent seulement, ce qui est déjà quelque chose sur un contingent.

La loi de 1832 a donc pourvu au prévu et à l'imprévu.

De plus, le système du général Lebreton consisterait à faire payer, par la Caisse de la dotation, des remplaçants à tous ceux qui seraient considérés comme soutien de leur famille : c'est alors que l'on a fait observer avec raison que la Caisse de la dotation n'y suffirait pas, et que, dès que ce serait elle qui paierait, il n'y aurait plus de limites aux demandes d'exonérations et aux prétentions d'être l'indispensable soutien d'une famille.

Enfin, quand on fait des lois, il faut prendre garde de se laisser entraîner sur la pente de certains sentiments généreux : une action méritoire, si elle est l'œuvre de la charité privée, prend un tout autre caractère lorsqu'elle se fait en vertu de la loi et par l'intermédiaire de l'État, qui prend alors dans la bourse des riches pour verser dans celle des pauvres.

M. le duc d'Albuféra a présenté un amendement tendant à donner au gouvernement la faculté de renoncer au remplacement administratif, et de revenir au mode pratiqué actuellement pour le cas où il ne se trouverait pas un nombre suffisant de remplaçants pour faire face à la totalité des demandes d'exonération.

M. le comte de Bryas en a présenté un autre, ouvrant au Gouvernement la même faculté, mais en temps de guerre seulement.

Nous pouvons dire que ces deux amendements étaient inspirés par une pensée gouvernementale. Leurs auteurs, prévoyant le cas où l'administration ne trouverait pas le nombre de remplaçants dont elle pourrait avoir besoin, voulaient donner à l'État le moyen de sortir de cette difficulté.

Enchaînée par les termes du projet de loi qui l'obligent à accorder les exonérations demandées, sans se préoccuper du nombre des remplaçants obtenus, la Caisse de la dotation peut éprouver un déficit et un vide dans le contingent; si ce déficit se produit sur une échelle un peu tendue, s'il se renouvelle plusieurs années de suite, l'effectif de l'armée est compromis. Il faut alors, ou combler le déficit par des appels considérables et faire sentir avec plus de rigueur aux populations pauvres, les effets de la loi du recrutement, ou renoncer à l'application de la loi.

Ce serait là une alternative fâcheuse; il a semblé aux auteurs des amendements que la seule manière de l'éviter était de donner au Gouvernement la faculté de se dégager des entraves de la loi, lorsqu'elle pourrait être en opposition avec le grand intérêt public du recrutement de l'armée.

Cette faculté, restreinte au cas de guerre, ne peut pas avoir pour effet de maintenir la concurrence des compagnies de remplacement administratif. Le Gouvernement, étant le seul juge de l'opportunité d'autoriser le remplacement de gré à gré, n'y aura recours que dans les circonstances exceptionelles, en cas d'absolue nécessité, et lorsque le remplacement administratif, se trouvant impuissant à lui seul, n'aura plus rien à souffrir de la concurrence du remplacement libre.

En résumé, c'est une manière d'assurer l'effectif contre les éventualités critiques qui peuvent se présenter, et ce n'est pas une concurrence pour le remplacement administratif, puisque, en temps de paix, il est toujours le seul reconnu par la loi, et qu'en temps de guerre, le Gouvernement est seul juge et seul maître, sans aucune espèce de contrôle, de maintenir son monopole ou d'y renoncer, et qu'il n'aura à prendre conseil que de lui-même.

Il y avait quelque chose de séduisant et de rassurant, au premier abord, dans les motifs qu'on faisait valoir à l'appui des amendements dont il vient d'être parlé. Toutefois, un examen approfondi a démontré qu'ils ne devaient pas trouver place dans la loi, sous peine d'être en contradiction avec son principe, et d'apporter des obstacles à son exécution.

Nous avons expliqué comment on a été conduit à faire de l'exonération un droit pour les familles ; la conséquence forcée de ce principe est que le droit d'exonération ne peut pas être livré à la volonté arbitraire du Gouvernement. Si le Gouvernement peut, à son gré, le maintenir ou le supprimer, il n'y a plus de sécurité pour les familles; elles sont à la merci des circonstances, des changements de système, et n'ont plus qu'un droit nominal qui n'est garanti par rien.

Il faut aux familles, de deux choses l'une : ou la liberté, ou la sécurité; vous ne pouvez pas leur enlever à la fois l'une et l'autre.

Quel serait donc l'effet de la faculté que l'on veut donner à l'État? Il en résulterait qu'après avoir offert et promis l'exonération, l'État pourrait, au dernier moment, à la veille de la mise en activité, quand bon lui semblerait, manquer à sa parole, se dispenser de ses obligations, déclarer qu'il n'a pas assez de remplaçants et rendre aux pères de familles une liberté tardive et illusoire.

Ainsi, ce sera dans les circonstances difficiles, au moment du péril, quand l'impuissance de l'État aura été reconnue et proclamée, qu'il rejettera la charge sur les populations et qu'il les abandonnera à elles-mêmes.

A côté de ce manque de foi, il y aurait une inégalité choquante; car, comme il appliquerait toujours les remplaçants qu'il aurait obtenus à un certain nombre d'exonérations, il se trouverait tenir sa promesse à l'égard des uns et ne pas la tenir à l'égard des autres.

Telle est la raison capitale, la raison de principe qui s'oppose à l'admission des amendements dont il vient d'être question.

D'autres raisons graves s'y opposent encore.

Il s'écoule très-peu de temps entre l'opération de la révision et la mise en activité; c'est seulement dans cet intervalle que l'État pourrait rendre la liberté aux familles; pour que cette liberté ne fût pas une sorte de dérision, un moyen indirect de supprimer le remplacement sous prétexte de lui rendre sa liberté, il faut laisser aux familles des moyens quelconques de trouver des remplaçants.

Si les familles ne trouvent à ce moment que des courtiers improvisés qui, moyennant de grosses sommes, découvriront quelques remplaçants, vous faites la part des riches, mais vous ne faites pas celle des pauvres.

Il n'y a que les compagnies de remplacement qui puissent, en pareil cas, rendre service à toutes les familles.

Dès qu'à un moment donné et choisi par l'État lui-même les familles auront besoin des compagnies de remplacement, il est d'abord illogique et déraisonnable de les supprimer, ensuite la crainte qui pèsera sur les familles, l'espoir qui restera aux compagnies, porteront un coup funeste à la loi. N'est-elle pas frappée, dès l'origine, du soupçon d'impuissance? Peut-elle encore inspirer confiance? N'est-elle pas démoralisée à l'avance?

Qu'en arrivera-t-il? C'est que les compagnies conserveront encore une existence sourde, lutteront d'efforts pour accaparer les remplaçants, auront pour complice l'inquiétude des familles, et, paralysant l'action de l'administration, réussiront peut-être à se rendre nécessaires : le résultat conquis une seule fois entraîne la ruine de la loi.

Les compagnies ne peuvent pas paraître et disparaître avec toutes leurs agences du jour au lendemain, selon qu'on en a ou qu'on n'en a pas besoin. Elles ne peuvent pas avoir une demi-existence, une vie intermittente, être et ne pas être. Si on les détruit, il faut mettre autre chose à leur place, et quelque chose de fixe et de sûr ; autrement, il faut les faire subsister en tout temps.

Il était impossible de laisser peser sur la loi, à son origine et dans un temps de guerre, une pareille difficulté ; la loi n'en était plus une, elle devenait quelque chose d'arbitraire et liait les familles sans engager le Gouvernement. Aussi, non-seulement cette faculté n'avait-elle pas été revendiquée à son profit, mais elle n'eut pas pu être acceptée par lui, et votre Commission n'a pas cru qu'elle dût lui être donnée.

Elle n'a pu également admettre un amendement de M. le vicomte de Latour, qui proposait de donner au Gouvernement la faculté d'ajourner l'exécution de la loi jusqu'en 1857.

Cette faculté eut été un soupçon d'impuissance porté contre la loi, et en même temps un encouragement donné aux compagnies pour en combattre l'exécution ; le Gouvernement n'aurait pu l'accepter, sans contradiction avec lui-même, au moment où il demande au Corps législatif l'adoption immédiate de la loi.

L'article 6 a été, dans le sein de la Commission, l'objet du plus sérieux examen et d'une discussion étendue. Le débat s'est élevé sur la question de savoir si la fixation de la prime d'exonération devait être laissée absolument à la décision du Ministre, comme le veut le projet de loi, ou si cette fixation ne devait avoir lieu qu'avec le concours du Corps législatif.

La Commission a pensé que ce concours était nécessaire et opportun; elle a donc présenté dans ce sens l'amendement suivant :

« Le taux de la prestation individuelle est fixé chaque année par une loi spéciale.

» Dans l'intervalle des sessions, ce taux peut, suivant les circonstances, être modifié sur la proposition de la Commission supérieure, par un décret de l'Empereur. »

Le concours du Corps législatif, pour la fixation de la prime d'exonération, a paru à la Commission la conséquence logique du principe du projet de loi.

La suppression de la liberté du remplacement et la constitution du remplacement administratif entre les mains de l'État ont amené à faire, de l'exonération, une obligation pour l'État et un droit pour les familles.

Mais l'exercice de ce droit, et conséquemment le droit lui-même, sont dans la dépendance de la fixation de la prime d'exonération. Au moyen de l'abaissement ou de l'élévation de cette prime, on peut ou favoriser ou entraver, restreindre et même supprimer l'exercice du droit lui-même.

Il est donc naturel, ne fût-ce que pour l'effet moral de la loi, de faire intervenir le Corps législatif, c'est-à-dire la loi elle-même dans la fixation de la prime.

La responsabilité du Gouvernement s'en trouve dégagée; ses intentions ne peuvent être mal interprétées, et il n'est plus possible d'effrayer les familles en leur faisant entrevoir la possibilité de fixer arbitrairement le chiffre de l'exonération, et de rendre illusoire le droit de remplacement, qui leur est précieux et cher.

Le concours du Corps législatif est motivé dans plusieurs esprits par une seconde raison : c'est que le service militaire est un impôt, et que le prix de l'exonération, qui remplace le service personnel, participe à sa nature et doit être fixé par la loi. Ce caractère d'impôt paraît confirmé par l'absence de liberté et de concurrence, relativement au prix du remplacement.

Un sentiment élevé des devoirs du Corps législatif vient à l'appui de ces raisons. Le Corps législatif veut offrir son concours au Gouvernement dans les circonstances difficiles. En supposant une guerre opiniâtre, prolongée et nécessitant de grands sacrifices, le prix d'exonération peut atteindre un chiffre élevé. Lorsque son poids s'appesantira sur les populations, elles en seront plus affectées qu'elles ne seront frappées des raisons politiques qui porteront le Gouvernement à entretenir énergiquement la guerre; la liberté du remplacement n'existera plus, l'administration sera seule en présence et en contact direct avec les familles. A ce moment il pourra y avoir des mécontentements, s'élever des murmures, naître des irritations : le Corps législatif veut que le Gouvernement n'en ait pas le poids seul et la responsabilité; il croit, par dévouement et patriotisme, devoir en prendre sa part.

Enfin la Caisse de la dotation est placée sous la surveillance et la garantie de l'Etat. Le déficit de cette caisse, prévu et indiqué à l'avance, doit être à la charge du budget. Or, la fixation de la prime d'exonération est précisément ce qui influera le plus sur la situation financière de cette caisse. Cette fixation engage donc l'état général de nos finances publiques; elle doit être l'objet, comme toutes les questions de budget, d'un vote législatif.

Tels sont, en résumé, les principaux motifs invoqués à l'appui des amendements qui ont été présentés.

Il se présentait les objections suivantes :

Le service militaire est incontestablement un impôt ; mais cet impôt est voté annuellement dans la loi du contingent, et il n'a pas besoin d'être voté deux fois.

La loi du contingent doit d'autant mieux suffire, qu'il importe au plus haut degré de conserver au service militaire son caractère d'impôt sur la personne, et de lui refuser tout ce qui pourrait le faire considérer comme un impôt d'argent.

C'est un des principaux motifs de la constitution de la Caisse de la dotation. C'est elle qui touche le produit de la prime d'exonération ; il n'en entre rien dans les caisses de l'Etat ; elle le perçoit aux lieu et place des compagnies de remplacement ; ce n'est pas plus un impôt à son profit que ce n'était un impôt au profit des compagnies.

Faire voter la fixation du prix d'exonération, c'est en faire un impôt ; c'est donc aller directement contre l'esprit de la loi.

Il est plus conforme à cet esprit et aux principes de notre organisation militaire de laisser à la fixation de la prime d'exonération le caractère d'une transaction particulière entre la Caisse de la dotation et les remplacés.

Le concours dévoué que le Corps législatif désire prêter au Gouvernement dans les circonstances difficiles est un but honorable et patriotique, sans doute ; mais ce but ne serait pas atteint, et il y aurait lieu de craindre l'effet contraire.

Le Corps législatif, dans les circonstances ordinaires, sera désireux de fixer la prime à aussi bas prix que possible, et le Gouvernement lui-même fera ses efforts pour agir dans ce sens.

Mais une fois cette prime fixée, si, après la dissolution du Corps législatif, il surgit des circonstances graves, des craintes ou une déclaration de guerre, il faudra élever la prime ; c'est le Gouvernement qui sera obligé de recourir à cette mesure, et, s'il y a impopularité, c'est lui qui l'encourra.

On ne doit pas craindre que le droit de remplacement ne soit étouffé par l'opinion systématique d'un ministre de la guerre, quel qu'il soit, parce qu'il s'agit ici d'une mesure qui engage le Gouvernement tout entier et qui ne sera jamais abandonnée à l'arbitraire d'un ministre.

Enfin, il faut bien admettre que la Commission supérieure pourra engager les finances de l'Etat sans le vote du Corps législatif, car elle administrera la Caisse, et les actes qu'elle fera à cet égard auront inévitablement cet effet.

Une dernière raison a été donnée ; elle est puisée dans des considérations politiques : au moment où le Corps législatif pourrait être appelé utilement à voter sur la fixation de l'exonération, quelle devra être la conduite du Gouvernement, si, dans l'état de paix, il conçoit des inquiétudes plus ou moins sérieuses sur sa durée ; si, en temps de guerre, il a l'espoir plus ou moins fondé du rétablissement de la paix ; comment tenir compte de ces considérations, et surtout comment en rendre compte au Corps législatif, sans initier le pays aux éventualités les plus incertaines de la politique extérieure qui demande, pour être bien conduite, un si profond secret?

Si le Gouvernement ne tient pas compte et ne rend pas compte de ces circonstances, l'intervention du Corps législatif n'est pas sérieuse ; s'il en tient compte, s'il élève la prime d'exonération alors que le pays est calme et tranquille, et que les soupçons de trouble devraient rester gardés dans la sphère gouvernementale la plus étroite, n'est-ce pas un cri d'alarme jeté au pays et un trouble porté dans l'action parfois tutélaire, toujours indispensable, de la diplomatie?

Votre Commission n'a pas été convaincue par les motifs qui viennent d'être exposés ; elle a persisté à penser que l'intervention du Corps législatif était une chose désirable, autant au point de vue gouvernemental qu'à celui de l'effet moral de la loi ; elle a persisté à présenter l'amendement dont nous venons de parler.

Cet amendement a été repoussé par le conseil d'Etat.

Le délai de dix jours, dont il est fait mention dans l'article 7 pour le paiement de la prestation, avait paru court au premier examen ; cependant il a été maintenu.

On s'est aperçu, à diverses reprises, qu'en vertu de la loi de 1832 les opérations nécessaires pour la mise en activité du contingent entraînaient des lenteurs. En 1848, on a dû en abréger la durée, et il importe de les rendre aussi rapides que possible. Or, le délai de dix jours dont il s'agit s'ajoute encore aux délais existant actuellement, et il ne serait pas indifférent de le prolonger au-delà de ce terme.

Il faut d'ailleurs se rendre compte d'une chose, c'est que la révision, dans les différents cantons d'un département, dure de vingt à vingt-cinq jours ; il n'y a donc que le dernier canton révisé qui n'ait que dix jours juste, les autres auront un plus long espace de temps.

Enfin, c'est à partir du tirage au sort, et non de la révision, que les familles doivent avoir soin de se tenir prêtes au moment nécessaire.

Un amendement a été présenté sur cet article par M. Le Melorel de la Haichois, dans le but d'autoriser la Caisse de la dotation à accorder des délais pour le paiement de la prime d'exonération, et à accepter des cautions ou des hypothèques à titre de garanties.

Votre Commission a pensé que la Caisse de la dotation ne devait pas être exposée ainsi à faire des avances considérables, car les demandes de délais se multiplieraient si à l'infini que cela compliquerait ses opérations et l'obligerait souvent, pour obtenir paiement, à user de voies de rigueur qu'il importe d'éviter.

Les articles 8 et 9 ont été admis sans observations.

Il n'en a pas été de même de l'article 10, à l'occasion duquel plusieurs questions ont été soulevées.

Divers amendements ont été présentés dans le but d'étendre l'exception que contient cet article en faveur du remplacement de gré à gré.

M. le comte Napoléon de Champagny demandait que le ministre de la guerre, sur la proposition des préfets, pût approuver des conventions particulières de remplacement.

Votre Commission n'a pas pensé qu'il fût possible de donner au Ministre de la guerre le pouvoir de suspendre l'effet de la loi; c'eut été s'exposer à une multitude de demandes d'une appréciation difficile et délicate et fournir peut-être l'occasion d'éluder la loi par des motifs qui, aux yeux des populations, auraient pu avoir les apparences de la faveur plutôt que de la justice.

Un amendement présenté par M. le comte de Latour proposait d'étendre la faculté du remplacement de gré à gré entre les membres de la même commune.

Il a dû être repoussé par la raison qu'il était essentiellement contraire à l'esprit de la loi, qui n'admet le remplacement entre parents que parce qu'il n'est pas considéré comme fait à prix d'argent, mais seulement motivé par des considérations d'affection et de famille auxquelles la loi ne veut pas mettre obstacle.

Ce motif ne peut exister qu'entre parents très-proches.

Aussitôt que vous étendrez la faculté de se remplacer entre parents éloignés, et surtout entre habitants de la même commune, vous tomberez dans le remplacement à prix d'argent; or, la loi ne peut pas avoir deux poids et deux mesures, autoriser entre habitants d'une même commune ce qu'elle n'autoriserait pas entre les habitants de deux communes limitrophes. Elle doit être uniforme et la même pour tous; le remplacement entre habitants de la même commune aurait pu d'ailleurs, dans certains départements, se faire sur une assez grande échelle, et vous auriez créé là un remplacement de gré à gré faisant une véritable concurrence au remplacement administratif.

La Commission a pensé, du moins, à étendre la faculté de remplacer entre parents jusqu'au quatrième degré, parce qu'on peut admettre que les cas seront rares, que les circonstances de familles influeront plus ou autant que les motifs d'intérêt, et enfin que, dans les familles où cela pourrait avoir lieu, on en voudrait à une loi qui s'y opposerait, et on n'en comprendrait pas bien le motif.

Cet amendement a été admis par le conseil d'État.

M. le général Dautheville a présenté un amendement sur l'article 11 ; il voulait que les enrôlés volontaires ne pussent se rengager qu'après sept années de service.

Il divise les engagés volontaires en deux classes : l'une se compose des jeunes gens qui ressentent une émotion généreuse au récit des actes de patriotisme et de dévouement qui se lisent en si grand nombre dans nos annales militaires ; qui sont séduits par la gloire que l'on acquiert dans la carrière des armes, et qui veulent se distinguer à leur tour ; l'autre comprend les jeunes gens d'une conduite déréglée qui, ayant dissipé leurs ressources, s'engagent dans l'espoir de trouver dans la carrière militaire une vie de paresse.

Ces derniers, promptement désabusés, ne restent pas dans les rangs de l'armée.

Les autres n'ont pas besoin d'y être encouragés par une prime.

L'auteur de l'amendement pense donc que la faculté de rengagement, accordée aux enrôlés volontaires après quatre ans de service, n'en augmentera pas le nombre et qu'elle aura l'inconvénient de nuire à leur autorité morale ; qu'enfin c'est un privilége qui pourra nuire à la bonne harmonie dans les corps.

Votre Commission n'a pu adopter cet amendement ; l'esprit du projet de loi est d'encourager les enrôlements volontaires et les rengagements ; les dispositions de l'article 10 sont conformes à cet esprit ; il doit donc être maintenu. Après quatre ans de service, un militaire a l'ancienneté et l'instruction qui rendent son rengagement utile et désirable.

L'article 16 dit « que les sous-officiers..... ont droit à une part proportionnelle, etc. »

M. le général Lebreton a proposé de substituer à cette rédaction : *une part,* celle-ci : *la part.*

Cette nouvelle rédaction a l'avantage d'éviter toute incertitude dans la répartition de la somme à distribuer, et fixe invariablement la quotité de la somme due au sous-officier proportionnellement à la durée de ses services.

L'amendement de M. le général Lebreton avait été admis par la Commission, mais il a été repoussé par le conseil d'État.

Les articles 13, 17 et 18 du titre III ne demandent pas d'explications.

L'article 15 a été rapproché de l'article 10, et il n'y a pas lieu d'entrer dans de nouveaux développements à cet égard.

L'article 12 a été l'objet d'un amendement de la Commission : il avait pour but d'obtenir que la somme de 100 francs payable, d'après le projet de loi, le jour du rengagement ou de l'incorporation, fût laissée à la libre disposition des conseils d'administration des corps ; il lui a semblé que cette prime de 100 francs avait un caractère qui n'était pas digne de la loi, qu'elle ressemblait aux moyens employés par les compagnies de remplacement, que c'était, pour ainsi dire, une part faite à l'intempérance; elle a pensé qu'il ne fallait pas régler ainsi, et à l'avance, la destination de cette somme, qu'il valait mieux laisser les conseils d'administration juges et appréciateurs de ce qu'il y avait à faire.

Il avait été répondu que, si on veut la fin, il faut vouloir les moyens; que, pour obtenir des rengagements, on doit compter un peu avec les goûts, les caprices, les petites passions des soldats, et que les chefs de corps sont presque unanimes pour déclarer qu'une somme payée comptant, et dont le militaire ne doit compte à personne, est l'appoint indispensable des avantages à faire aux rengagements. A cet égard, il est nécessaire d'établir un droit pour le rengagé et non pas une faculté abandonnée au pouvoir disciplinaire et souverain des conseils d'administration. L'amendement de la Commission n'a pas été adopté par le conseil d'État.

A l'occasion des articles 12 et 14, votre Commission s'est préoccupée de la préférence qu'il importe d'assurer aux rengagements sur le remplacement administratif.

Il résulte des termes de la loi que la Commission supérieure de la dotation a les pouvoirs les plus étendus pour combiner et équilibrer les avantages à faire aux rengagements et aux remplacements, de façon à ce que le premier soit toujours constitué en état de supériorité sur l'autre; il a été bien entendu, d'ailleurs, que le rengagement seul et non le remplacement administratif jouissait du privilége de donner les chevrons, de maintenir le grade et de continuer à être une cause d'exemption dans les termes de la loi de 1832.

Ces considérations ont fait penser à votre Commission qu'il n'y avait pas lieu d'adopter les amendements présentés sur cet article pa :MM. Lélut et Briot de Montremy.

L'article 19 a fixé l'attention de votre Commission; elle l'a modifié par un amendement. On s'est demandé si la déchéance qu'il contient n'était pas une sorte de confiscation, si la prime ne constitue pas un droit acquis au profit du rengagé et s'il était possible, sans violer les principes de nos lois civiles et poliitques, de l'en priver.

Il a été reconnu que le contrat de rengagement était soumis, comme toutes les conventions, à la condition résolutoire pour le cas où l'une des parties n'exécute pas loyalement ses engagements; le militaire rengagé qui subit une condamnation grave, qui est dégradé ou qui est expulsé des rangs de l'armée, ne rend plus à l'État le service qu'il lui avait promis et manque à ses engagements; l'État ne peut pas être tenu de remplir à son égard les conditions d'un contrat que lui-même a violé.

Seulement la Commission a pensé qu'à raison de la sévérité des condamnations militaires, une peine correctionnelle de six mois qui ne met pas obstacle à ce que celui qui en est atteint rentre à son expiration dans les rangs de l'armée, n'était pas assez grave pour entraîner la perte des conditions pécuniaires du contrat de rengagement; elle a donc demandé que la déchéance ne fût encourue que pour une peine correctionnelle d'une année. Cette proposition a été adoptée par le conseil d'État (1).

L'article 20 détermine les droits à la pension de retraite et l'accorde après vingt-cinq ans de service au lieu de trente exigés par la législation en vigueur.

Un amendement présenté par M. Lélut proposait d'accorder la retraite après vingt ans de service, et d'en réduire le chiffre de l'accroissement à 50 francs au lieu de 65; ces propositions n'ont pu être acceptées, parce que, malgré l'amoindrissement du taux de la pension, les bases financières du projet de loi auraient été renversées par une augmentation trop considérable du nombre des pensions à liquider. Une seconde raison s'opposait encore à leur admission; il faut vingt-cinq ans de service dans la marine pour avoir droit à la retraite. Si l'on n'avait exigé que vingt et un ans dans l'armée de terre, il aurait fallu en faire autant dans l'armée de mer, et l'on n'a pas cru pouvoir imposer cette surcharge à nos finances.

Une modification au projet de loi primitif, provenant de l'initiative gouvernementale, a étendu l'application des dispositions de l'article 20 aux corps qui ne se recrutent pas par la voie des appels.

Ces corps se composent, en première ligne, des quatre bataillons d'infanterie légère d'Afrique et de la légion étrangère : ces troupes font réellement partie de l'armée de campagne; elles rendent exactement les mêmes services que les corps qui se recrutent par la voie des appels, elles affrontent en ce moment les mêmes fatigues et les mêmes dangers dans les rangs de l'armée d'Orient; il y aurait eu injustice à les priver des avantages que l'on fait aux corps qui se recrutent par la voie des appels.

Quant à la gendarmerie, les services qu'elle rend à la société, la nécessité de son recrutement, qui serait devenu plus difficile si l'on avait trouvé plus d'avantages à rester dans l'armée qu'à entrer dans ses rangs, ont fait comprendre qu'elle devait être admise à jouir de l'application du projet de loi.

L'article 23 a été modifié de la manière suivante :

Votre Commission n'a pu qu'applaudir à la pensée de faire jouir du bénéfice de la loi les blessés de l'armée d'Orient qui auraient droit à la pension, et l'adoption du nouvel article 23 a donné satisfaction à un amendement présenté dans le même sens par M. le vicomte de Latour.

La question financière peut être examinée à propos de cet article; elle se réduit à des termes très-simples.

Le passif de la Caisse de la dotation peut être divisé en deux parties : la première se compose de la prime et de la haute-paie de rengagement et

(1) L'article 19 a été complétement rejeté lors de la délibération.

des sommes allouées aux remplaçants administratifs ; cette première partie sera toujours soldée et au-delà par les prostations provenant des exonérations. Si, par hasard et dans des circonstances exceptionnelles, le remplacement coûtait plus cher que ne rapporterait l'exonération, ce serait un fait anormal et passager sur lequel on ne peut pas raisonner sérieusement.

Les prestations des exonérés doivent même, toujours dans l'esprit de la loi, dépasser le prix du rengagement ou du remplacement, et il doit rester un excédant destiné à pourvoir aux pensions de retraite.

Les pensions de retraite forment le second élément du passif de la Caisse de la dotation; elles doivent être couvertes par l'excédant dont nous venons de parler, et nous ne pouvons pas admettre, comme dans l'exposé des motifs, qu'une fraction quelconque des pensions de retraite pourra rester à la charge de l'Etat; ce fait nous paraît contraire à l'esprit de la loi, sauf les cas exceptionnels.

Il a semblé à la majorité de votre Commission que les calculs devaient être établis de manière à ce que la prime d'exonération fût assez élevée pour faire face à la totalité des pensions de retraite qu'il était naturel de prévoir.

Toutefois, il n'y a pas à craindre de ce chef une charge considérable pour les finances de l'Etat, parce que les pensions de retraite seront peu nombreuses, que leur chiffre n'est pas élevé, et que la Caisse de la dotation en atteindra toujours la plus grande partie.

Il nous reste, en terminant, à parler d'un certain nombre d'amendements qui seraient venus ajouter aux dispositions du projet de loi. M. Du Miral en a présenté deux : le premier consistait à donner à l'Etat le monopole des assurances contre le tirage au sort; ce système a été présenté comme avantageux à la fois pour l'Etat qui gagnerait sur les assurances, et pour les familles qui paieraient moins cher qu'aux compagnies. Il a été repoussé par les considérations suivantes :

Si l'Etat veut faire des bénéfices sur les assurances, il faut que ces bénéfices soient prélevés sur le patrimoine des familles. Ce serait, aux yeux de la majorité de votre Commission, des bénéfices chèrement acquis qui ne conviennent pas à la dignité du Gouvernement, et qui pourraient lui attirer l'animadversion des familles.

Si l'Etat ne fait pas de bénéfices, il est inutile qu'il s'empare des assurances, qu'il dépouille des industries existantes ayant des droits acquis, et qui ne peuvent pas être considérées comme onéreuses aux familles, car il y a concurrence, liberté et absence de plaintes.

A un autre point de vue, c'est une mauvaise tendance que de substituer l'Etat à l'action libre de l'industrie privée. Non-seulement l'Etat ne doit pas se faire industriel; mais quand vous supprimez une industrie pour en donner le monopole à l'Etat, il résulte de la suppression de la liberté et de la concurrence que l'Etat, maître de fixer le prix qu'il met à ses services, ne remplit pas le rôle de l'industriel et frappe tout simplement un impôt sur les contribuables. Si l'on trouve que les revenus de l'Etat ont besoin d'être augmentés, et que c'est une raison pour qu'il s'empare des assurances contre le tirage au sort, la raison est la même pour les assurances sur la vie, contre l'incendie, les assurances maritimes, les exploitations des mines, enfin pour certaines branches importantes de commerce dont le monopole serait facile à établir.

Ce système conduit à un double résultat : la création d'un impôt et la substitution de l'Etat à l'industrie privée. Votre Commission a pensé qu'elle n'avait pas d'initiative à prendre à l'égard d'un impôt, et qu'elle devait bien se garder d'engager l'Etat à se saisir, sans nécessité absolue, d'une des branches de l'industrie privée.

Ces considérations ont également entraîné le rejet des amendements de M. Morin et de M. Millet, qui, sans avoir les mêmes inconvénients que celui de M. Du Miral, rentraient cependant dans un système d'assurances qui compliquait les résultats financiers du projet de loi, et en augmentait les incertitudes.

La seconde partie de l'amendement de M. Du Miral consiste à admettre des engagements volontaires contractés à prix d'argent, et avant le tirage au sort, par les jeunes gens appelés à faire partie du contingent. M. Du Miral voit dans cette combinaison le moyen d'avoir un grand nombre de remplaçants et d'arriver à la rétribution du service militaire; ce qui lui paraît une chose désirable et juste.

Votre Commission croit devoir protester énergiquement contre les tendances d'un pareil système : la grandeur militaire, l'indépendance, le salut de la France lui paraissent garantis par le principe fondamental posé avec tant d'autorité par la loi de 1832. Ce principe est celui du service obligatoire et gratuit pour tous les Français; il permet à la France de faire chaque année des appels de cent quarante mille hommes, et de mettre sur pied une armée de neuf cent mille hommes. Ce résultat n'est possible qu'avec le service militaire gratuit. En présence de l'énorme dépense occasionnée par nos guerres modernes, on est effrayé à l'idée de ce qu'elles coûteraient s'il fallait payer les armées.

Le paiement par l'Etat du service militaire est une idée funeste : ce serait l'arrêt de notre déchéance. Votre Commission, tout en rendant justice aux honorables sentiments qui ont dicté l'amendement de M. Du Miral, a cru de son devoir de déclarer hautement qu'elle le repousse, parce qu'elle le considère comme absolument contraire à l'esprit du projet de loi actuel et aux principes sacrés de la loi de 1832.

MM. Corneille, Aymé et Wattebled ont présenté un amendement tendant à faire payer aux individus, exemptés du service militaire pour infirmités, une prestation calculée progressivement sur le chiffre de leurs contributions. Les auteurs de l'amendement se sont appuyés sur les dispositions de la loi du 28 floréal an X. Cet amendement avait l'inconvénient d'établir un impôt progressif et d'être essentiellement contraire à l'esprit de la loi de 1832. L'une des bases de cette loi est le tirage au sort et la libération définitive et gratuite qui en résulte pour les hommes favorisés d'un bon numéro. Si l'on fait payer ceux qui sont exemptés pour infirmités, il eut fallu, à bien plus forte raison, faire payer ceux qui ne doivent leur libération qu'au hasard de la fortune; le principe du service personnel était dénaturé, il se transformait pour les individus favorisés par le sort en un impôt d'argent. Votre Commission n'a pas pensé qu'il fût à propos d'altérer ainsi son caractère.

M. Millet demandait que toute personne, voulant contracter mariage avant d'avoir satisfait à la loi du recrutement, fût obligée de verser sa prestation à la Caisse de la dotation. Votre Commission n'a pas jugé convenable de mettre une pareille condition à la liberté du mariage.

M. le marquis d'Andelarre avait fait suivre l'amendement présenté par lui sur l'article 5 de diverses autres dispositions qui en étaient la conséquence; elles ont été repoussées par votre Commission comme contraires à l'esprit du projet de loi.

M. le colonel Dumarais voulait qu'en temps de guerre les militaires fussent obligés de rester sous les drapeaux pendant trois ans au-delà de l'expiration de leurs sept années de service. Cette mesure a semblé à votre Commission être étrangère au projet de loi et ne devoir être prise, dans les circonstances critiques, que par des lois spéciales, temporaires et exceptionnelles.

En terminant cet exposé, nous espérons qu'il restera démontré que le projet de loi présenté par le Gouvernement se place sur les bases elles-mêmes de la loi de 1832, pour perfectionner et couronner l'œuvre de l'organisation de notre armée.

L'établissement militaire de la France, qui ne pouvait plus acquérir en grandeur et en étendue, gagne en solidité, en discipline et en vigueur, et ses éléments, doués d'une trempe plus forte, seront un nouvel espoir et une nouvelle garantie offerts à la France par la pensée d'ordre et d'honneur national qui préside à ses destinées.

C'est sous l'empire de ces considérations que la majorité de votre Commission vous propose l'adoption du projet de loi.

LOI

RELATIVE A LA CRÉATION

D'UNE DOTATION DE L'ARMÉE

AU RENGAGEMENT,

AU REMPLACEMENT ET AUX PENSIONS MILITAIRES.

NAPOLÉON, par la grâce de Dieu et la volonté nationale,
A tous présents et à venir, salut :
Avons sanctionné et sanctionnons, promulgué et promulguons ce qui suit :

TITRE Ier.

DE LA DOTATION DE L'ARMÉE.

Art. 1er.

Une dotation est créée, dans l'intérêt de l'armée, sous la surveillance et la garantie de l'Etat.

La dotation de l'armée est formée par les prestations en argent que détermine la présente loi.

Elle peut recevoir des dons et legs.

La Caisse de la dotation reçoit, à titre de dépôt, les versements volontaires qui lui sont faits par les militaires de tous grades, dans le cours de leur service.

Elle est gérée par l'administration de la Caisse des dépôts et consignations et constitue un service spécial, dont le budget et les comptes sont annexés à ceux du Ministère de la guerre.

Art. 2.

La dotation de l'armée pourvoit au paiement des allocations établies par la présente loi et aux dépenses prévues à l'art. 20.

Art. 3.

Les excédants, disponibles sur les recettes faites par la Caisse de la dotation, sont successivement employés en achats de rentes sur l'Etat.

Ces rentes sont inscrites au nom de la dotation de l'armée.

Art. 4.

Une Commission supérieure, composée de quinze membres nommés par l'Empereur, et dont les fonctions sont gratuites, surveille et contrôle toutes les opérations relatives à la dotation de l'armée. Cette Commission comprend au moins trois membres du Sénat et trois députés au Corps législatif.

Elle présente chaque année, à l'Empereur, un rapport sur la situation générale de la dotation.

TITRE II.

DE L'EXONÉRATION DU SERVICE.

Art. 5.

Les jeunes gens compris dans le contingent annuel obtiennent l'exonération du service, au moyen de prestations versées à la caisse de la dotation, et destinées à assurer leur remplacement dans l'armée, par la voie du rengagement d'anciens militaires.

Art. 6.

Le taux de la prestation individuelle est fixé, chaque année, sur la proposition de la Commission supérieure, par un arrêté du Ministre de la guerre.

Art. 7.

Les versements des prestations à la Caisse de la dotation doivent être effectués dans les dix jours qui suivent la clôture des opérations des conseils de révision.

A l'expiration de ce délai, le conseil de révision, réuni au chef-lieu du département, prononce les exonérations sur la présentation des récépissés de versement.

Art. 8.

Les militaires sous les drapeaux peuvent être admis à l'exonération du service par le versement d'une prestation dont le taux est fixé conformément aux dispositions des art. 5 et 6.

L'exonération est prononcée, dans ce cas, par les conseils d'administration des corps auxquels sont présentés les récépissés de versement.

Art. 9.

La Caisse de la dotation est autorisée à recevoir au nom des jeunes gens, avant l'appel de leur classe, des versements applicables à leur exonération ultérieure du service, s'il y a lieu.

Art. 10.

Le mode de remplacement établi par la loi du 21 mars 1832 est supprimé, si ce n'est entre frères et beaux-frères, et parents jusqu'au quatrième degré.

La substitution de numéro autorisée par cette loi est maintenue.

TITRE III.

DES RENGAGEMENTS.

Art. 11.

Les rengagements sont d'une durée de trois ans au moins et de sept au plus.

Ils ne peuvent être contractés que par les militaires qui accomplissent leur septième année de service, soit dans l'armée active, soit dans la réserve, ou par les engagés volontaires qui sont dans leur quatrième année de service.

Leur durée est réglée de manière que les militaires ne soient pas maintenus sous les drapeaux après l'âge de quarante-sept ans.

Art. 12.

Le premier rengagement de sept ans donne droit :

1° A une somme de 1,000 fr., dont 100 fr. payables le jour du rengagement ou de l'incorporation; 200 fr., soit au jour de l'incorporation, soit pendant le cours du service, sur l'avis du Conseil d'administration du corps, et 700 fr. à la libération du service;

2° A une haute-paie de rengagement de 10 c. par jour.

Tout rengagement contracté pour moins de 7 ans donne droit jusqu'à quatorze ans de service :

1° A une somme de 100 fr. par chaque année, payable à la libération du service;

2° A la haute-paie de rengagement de 10 c. par jour.

Après quatorze ans de service, le rengagé n'a droit qu'à une haute-paie de rengagement de 20 c.

Art. 13.

L'engagement volontaire après libération, contracté dans les conditions prescrites par l'article 11, et moins d'une année après cette libération, donne droit, suivant sa durée, aux avantages spécifiés par l'article précédent.

Art. 14.

Sur la proposition de la Commission supérieure, un arrêté du Ministre de la guerre peut augmenter les allocations fixées par l'article 12, autres que la haute-paie.

Art. 15.

En cas d'insuffisance du nombre des rengagements et des engagements volontaires après libération, comparé à celui des exonérations, des remplacements sont effectués par voie administrative.

Le prix de ces remplacements est à la charge de la dotation de l'armée,

Il est fixé, ainsi que le mode de paiement, par la Commission supérieure, dans les formes indiquées à l'article précédent.

Art. 16.

Les sous-officiers nommés officiers, ou appelés à l'un des emplois militaires qui leur sont dévolus en vertu des lois et réglements, ont droit, sur les sommes allouées pour rengagements, à une part proportionnelle à la durée du service qu'ils ont accompli.

Art. 17.

Les dispositions de l'article précédent sont applicables aux militaires réformés et aux militaires passant dans un corps qui ne se recrute pas par la voie des appels.

Néanmoins, les sommes dues à ces derniers ne leur sont payées, en tout ou en partie, que sur l'avis du conseil d'administration du nouveau corps.

Art. 18.

Les sommes attribuées par les art. 12 et 13 aux rengagés et aux engagés volontaires après libération sont incessibles et insaisissables. En cas de mort, une part de ces sommes, proportionnelle à la durée du service, est dévolue aux héritiers et ayant-cause des militaires.

En cas de déshérence, les sommes dues profitent à la dotation de l'armée.

TITRE IV.

DES PENSIONS DE RETRAITE DES SOUS-OFFICIERS, CAPORAUX OU BRIGADIERS OU SOLDATS.

Art. 19.

Le maximum et le minimum de la pension de retraite, fixés par la loi du 11 avril 1831, sont augmentés de 165 francs pour les sous-officiers, caporaux, brigadiers et soldats.

Le droit à la pension de retraite par ancienneté est acquis à ces militaires, à vingt-cinq ans accomplis de service effectif.

Toutes les autres dispositions de la loi du 11 avril 1831 sont maintenues.

Art. 20.

Le surcroît de dépenses résultant de l'exécution de l'article précédent est prélevé sur l'actif de la dotation de l'armée, mais seulement en ce qui concerne les pensions des militaires des corps qui se recrutent par la voie des appels.

TITRE V.

DISPOSITIONS GÉNÉRALES ET TRANSITOIRES.

Art. 21.

Les sous-officiers, caporaux, brigadiers et soldats qui sont actuellement sous les drapeaux, sont tenus, quels que soient leur âge et la durée de leurs services, d'accomplir le temps de leur engagement.

Les mêmes militaires qui, au jour de la promulgation de la loi, n'auraient pas encore vingt-cinq ans de service effectif, pourront être autorisés à se rengager, même quand ils seraient âgés de plus de plus de quarante-sept ans.

Art. 22.

Le réglement d'administration publique à intervenir concernant les mesures nécessaires à l'exécution de la présente loi, déterminera :

1° Les formes des demandes d'exonération et les conditions de leur admission ;

2° L'organisation de la Caisse de dotation de l'armée et de son service spécial; le mode de remboursement et le taux de l'intérêt des sommes qui y seront déposées ; les conditions de paiement des sommes allouées aux rengagements, et les rapports financiers entre l'Etat, la Caisse des dépôts et consignations et la dotation de l'armée ;

3° Le mode d'exécution de l'article 9 relatif aux versements faits avant l'appel ;

4° Les formes et les conditions générales des remplacements, dans le cas prévu par l'article 15.

Art. 23.

La présente loi est exécutoire à partir du 1er janvier 1856.

Toutes dispositions contraires sont abrogées à partir de la même époque.

Néanmoins, les rengagements et engagements contractés dans les conditions de la présente loi, pendant l'année 1855, compteront pour l'exonération des jeunes gens compris dans le contingent de la classe de ladite année, et donneront droit, en conséquence, aux allocations réglées par les articles 12 et 13.

Il sera pourvu aux dépenses qui résulteront, en 1855, de

l'application des dispositions du paragraphe précédent, à l'aide des avances qui pourront être faites à la dotation de l'armée par la Caisse des dépôts et consignations. Ces avances seront remboursées, en 1856, sur le produit des versements des prestations pour exonération du service militaire.

Les dispositions de l'article 19 de cette loi sont applicables aux pensions de retraite qui seront concédées en 1855, à partir de sa promulgation.

La présente loi délibérée au Corps législatif et au Sénat.

Mandons et ordonnons, etc.

Fait au Palais des Tuileries, le 26 Avril 1855.

NAPOLÉON.

---

* CIRCULAIRES ET DÉCRETS

RELATIFS A

LA LOI DU 26 AVRIL 1855

ET ANTÉRIEURS A LA

PROMULGATION DU RÉGLEMENT D'ADMINISTRATION PUBLIQUE.

* Toutes ces Circulaires sont abrogées par l'Instruction ministérielle du 26 janvier 1856 et par le Réglement d'administration publique; nous les avons, malgré cela, rassemblées dans notre Manuel, attendu que tous les actes qui en ont été la conséquence continueront à produire leur effet. (*Note de l'Editeur.*)

MINISTÈRE

DE LA GUERRE

BUREAU

DU RECRUTEMENT.

Instructions provisoires pour l'exécution des dispositions immédiatement applicables de la loi du 26 avril 1855, relative à la création d'une *Dotation de l'armée, au rengagement, au remplacement et aux pensions militaires.*

CIRCULAIRE N. 417.

Paris, le 27 avril 1855.

A MM. les Généraux commandant les divisions et les subdivisions territoriales et actives;
les Préfets des départements;
les Intendants et les Sous-Intendants militaires;
les Chefs de corps et les Conseils d'administration de toutes armes;
les Commandants de gendarmerie;
les Commandants des dépôts de recrutement et de réserve.

MESSIEURS,

L'Empereur a sanctionné, le 26 avril 1855, la loi relative à la création d'une *Dotation de l'armée, au rengagement, au remplacement et aux pensions militaires.*

La nouvelle loi, dans son ensemble, n'est exécutoire qu'à partir du 1er janvier 1856 (article 23). Mais, en attendant que le réglement d'administration publique prescrit par l'article 22 de cette loi ait été rendu, il est indispensable de prendre, dès à présent, des mesures afin d'assurer l'exécution immédiate de ceux de ses articles qui sont mis en vigueur à partir de 1855, pour les corps qui se recrutent par la voie des appels.

Vous aurez, à cet effet, à vous conformer, chacun en ce qui peut vous concerner, aux instructions suivantes.

Les rengagements et les engagements volontaires après libération doivent (article 23) compter pour l'exonération des jeunes gens appelés à concourir au tirage en 1856 et compris dans le contingent de la classe de 1855. Il importe donc que les militaires libérés du service depuis moins d'une année, comme ceux dont la libération est prochaine, ou qui sont entrés dans leur dernière année de service, n'ignorent aucune des conditions ni aucun des avantages attachés désormais aux rengagements et aux engagements volontaires après libération.

RENGAGEMENTS.

La loi du 21 mars 1832, sur le recrutement de l'armée, permettait des rengagements de deux à cinq ans : la loi du 26 avril 1855 n'admet plus que des rengagements de trois ans au moins et de sept ans au plus (article 11).

Les rengagements ne peuvent être contractés que par les militaires qui accomplissent leur dernière année de service, soit dans l'armée active, soit dans la réserve, ou par les engagés volontaires qui sont dans leur quatrième année de service (article 11).

Toutefois, la durée des rengagements sera réglée de manière que les militaires ne soient pas maintenus sous les drapeaux après l'âge de quarante-sept ans (article 11).

Ainsi, en principe, les militaires remplissant ces conditions, en même temps que celles de l'ordonnance du 28 avril 1832 qui ne sont pas abrogées, peuvent seuls être reçus à se rengager pour trois, quatre, cinq, six ou sept ans.

Néanmoins, en vertu d'une disposition exceptionnelle et transitoire, les sous-officiers, caporaux ou brigadiers et soldats qui sont actuellement sous les drapeaux, et qui, au jour de la promulgation de la loi, n'auraient pas encore vingt-cinq ans de service effectif, pourront être autorisés à se rengager, même quand ils seraient âgés de plus de quarante-sept ans (article 21). Ces autorisations spéciales seront accordées par les généraux de brigade, sur les propositions des chefs de corps.

Les mêmes militaires seront tenus, quels que soient leur âge et la durée de leurs services, d'accomplir le temps de leur engagement actuel (article 21).

Les avantages accordés par la nouvelle loi n'étant pas acquis aux rengagements dont la durée est inférieure à celle de trois années, les militaires qui, *en* 1855, antérieurement aux présentes instructions, se seraient rengagés pour deux ans seulement, pourront, sur leur demande, être admis à contracter un nouveau rengagement de trois ans au moins qui emportera annulation du précédent, et dont l'effet remontera au jour même où ce dernier prenait date.

Les rengagements seront contractés devant les intendants ou les sous-intendants militaires, dans les formes prescrites par la loi du 21 mars 1832 et par les ordonnances du 28 avril 1832 et du 15 janvier 1837 (modèle 11, page 171) *.

* Ces renvois sont ceux des modèles de l'Instruction ministérielle du 26 janvier 1856 ; ceux que comportaient cette Circulaire ayant été annulés et remplacés par eux.

(*Note de l'Éditeur.*)

Dans chaque corps ou portion de corps, il devra être dressé un état nominatif des militaires qui contracteront des rengagements sous les conditions prescrites par la loi du 26 avril 1855 (modèle H, page 192). Un double de cet état sera adressé directement, et sans lettre d'envoi, au Ministre de la guerre (*Bureau du recrutement*), le 1er de chaque mois.

Le premier rengagement de sept ans donne droit (article 12) :

1° A une somme de 1,000 francs, dont 100 francs payables le jour du rengagement ou de l'incorporation ; 200 francs soit au jour du rengagement ou de l'incorporation, soit pendant le cours du service, sur l'avis du conseil d'administration du corps, et 700 francs à la libération définitive du service ;

2° A une haute paye de rengagement de 10 centimes par jour.

Tout rengagement contracté pour moins de sept ans donne droit, jusqu'à quatorze ans de service (article 12) :

1° A une somme de 100 francs pour chaque année, payable à la libération du service ;

2° A la haute paye de rengagement de 10 centimes par jour.

Après 14 ans de service, le rengagé n'a droit qu'à une haute paye de rengagement de 20 centimes.

Les hautes payes de rengagement sont indépendantes des hautes payes de chevrons, qui sont prévues par l'article 36 de la loi du 21 mars 1832, et déterminées par l'ordonnance du 25 décembre 1837, sur la solde. Ces deux sortes de hautes payes seront touchées simultanément, mais d'une manière distincte, par les ayant droit, suivant le mode actuellement en usage.

La somme de 1,000 francs allouée, indépendamment de la haute paye, pour les rengagements de 7 ans, et celle de 100 francs par an attribuée aux rengagements d'une plus courte durée, ne sont d'ailleurs qu'un minimum : elles ne peuvent, dans aucun cas, être réduites, et elles sont susceptibles d'être portées à un taux plus élevé par un arrêté du Ministre de la guerre, rendu sur la proposition de la Commission supérieure de la dotation de l'armée (article 14).

Cette Commission, composée de quinze membres nommés par l'Empereur, est appelée à constater et à maintenir les droits de chacun des militaires dont les intérêts sont confiés à sa surveillance et à son contrôle (article 4).

Les sous-officiers nommés officiers, ou appelés à l'un des emplois militaires qui leur sont dévolus en vertu des lois et réglements, auront droit, sur les sommes allouées pour rengagements, à une part proportionnelle à la durée du service qu'ils auront accompli (article 16).

Les mêmes dispositions seront applicables aux militaires réformés et aux militaires passant dans un corps qui ne se recrute pas par la voie des appels. Néanmoins, les sommes dues à ces derniers ne leur seront payées en tout ou en partie, que sur l'avis du conseil d'administration du nouveau corps (article 17).

Enfin les sommes attribuées aux rengagés sont incessibles et insaisissables. En cas de mort, une part de ces sommes, proportionnelle à la durée du service, est dévolue aux héritiers et ayant cause des militaires. En cas de déshérence, les sommes dues profitent à la dotation de l'armée (article 18).

ENGAGEMENTS VOLONTAIRES APRÈS LIBÉRATION.

En principe, les engagements volontaires après libération, comme les autres engagements, ne peuvent être contractés pour moins de sept ans, si un décret spécial ne les a autorisés, par exception, pour une durée plus restreinte (1).

Les engagements volontaires *après libération* seront contractés devant les maires des communes, chefs-lieux de canton, dans les formes prescrites par la loi du 21 mars 1832, et par les ordonnances du 28 avril 1832 et du 15 janvier 1837 (modèle n° 12, page 173).

Le maire de la commune chef-lieu de canton adressera directement, au sous-intendant militaire chargé du recrutement dans le département où l'engagement a eu lieu, une expédition de l'acte d'engagement (n° 75 de l'Instruction du 4 mai 1832).

Le sous-intendant militaire transmettra cette expédition, après l'avoir inscrite sur le registre qu'il tient à cet effet, au conseil d'administration du corps sur lequel l'engagé a été dirigé (n° 76 de l'Instruction du 4 mai 1832).

Le 1er de chaque mois, le sous-intendant militaire adressera directement, et sans lettre d'envoi, au Ministre de la guerre (*Bureau du recrutement*), un état des engagements volontaires après libération, contractés pendant le mois précédent (modèle I, page 193).

Les engagements contractés moins d'une année après la libération donnent droit aux primes et hautes payes attribuées aux rengagements (arti-

(1) Le décret du 1er mai 1854 est le seul qui ait autorisé des engagements d'une durée exceptionnelle (trois ans), et uniquement pour la garde impériale.

Il va sans dire, d'ailleurs, que les prescriptions rappelées dans la présente Instruction s'appliquent en tous points aux hommes de cette garde dont l'effectif doit s'entretenir soit au moyen des rengagements ou des engagements volontaires après libération, soit par des prélèvements dans les corps qui se recrutent par la voie des appels.

Il en est de même des sous-officiers et des caporaux formant les cadres des corps disciplinaires.

cles 12 et 13); les payements sont effectués à l'arrivée au corps, après incorporation.

Les sommes allouées aux engagés volontaires après libération sont également incessibles et insaisissables. A leur décès, l'emploi en est fait de la même manière que celui des sommes allouées aux rengagés (article 18).

PENSIONS DE RETRAITE.

Tous les avantages ainsi assurés aux militaires, et, après eux, à leurs familles, soit que ces militaires se rengagent pendant qu'ils sont sous les drapeaux, soit qu'ils contractent des engagements volontaires dans l'année qui suit leur libération, ne sont pas les seuls qui leur soient faits par la loi nouvelle. Il en est d'autres plus importants encore qu'elle leur garantit (article 19). Ceux-ci sont de deux sortes :

1° Fixation à 25 ans, au lieu de 30 ans, de la durée du service militaire donnant droit à pension (1);

2° Augmentation de 165 francs portant sur le minimum et le maximum de pension déterminés par la loi du 11 avril 1831 (1).

De la première de ces dispositions découle la faculté, pour les militaires qui ont contracté des engagements à l'âge de 17 ou 18 ans, d'obtenir la pension de retraite à 42 ou 43 ans, et pour ceux qui figurent sous les drapeaux comme jeunes soldats, d'être admis à cette pension de 45 à 46 ans. Les uns et les autres seront donc rendus à la vie civile à l'âge où ils peuvent encore former des établissements. Indépendamment des primes de rengagements, les ressources pécuniaires qui seront mises alors entre leurs mains sous forme de pension, ne leur feront jamais défaut, puisqu'elles leur seront acquises à titre viager, et que la loi les a rendues incessibles et insaisissables.

Quant à l'augmentation apportée dans le chiffre des pensions actuelles de retraite des sous-officiers, caporaux ou brigadiers et soldats, elle s'applique non-seulement aux pensions qui seront liquidées pour 25 ans de service, mais à celles dont la concession aura été motivée, avant l'accomplissement de cette condition, par des blessures ou par des infirmités graves, de telle sorte que, dans aucun cas, il ne pourra être à l'avenir accordé de pensions inférieures à 365 francs, soit un franc par jour.

(1) Ces dispositions sont également applicables aux sous-officiers, caporaux ou brigadiers et soldats des corps qui ne se recrutent pas par la voie des appels (article 20 de la loi. — Gendarmerie, vétérans, légions étrangères, corps indigènes de l'Algérie, infanterie légère d'Afrique, compagnie de discipline).

Pour les sous-officiers, le sergent par exemple, le minimum de sa pension sera porté à 415 francs et le maximum à 565 francs.

Les militaires qui ont accompli vingt-cinq ans de service effectif, ou qui ont droit à une pension pour cause de blessures, peuvent dès à présent être admis à jouir de ces augmentations, dont le bénéfice est acquis aux pensions à liquider et à concéder en 1855, à partir de la promulgation de la loi (article 23).

MESURES A PRENDRE IMMÉDIATEMENT POUR LES RENGAGEMENTS ET LES ENGAGEMENTS VOLONTAIRES APRÈS LIBÉRATION.

Je viens d'indiquer quelles sont les principales dispositions de la loi du 26 avril 1855, qui doivent dès à présent recevoir leur exécution. Les généraux commandant les divisions territoriales et actives en feront l'objet d'un ordre général qui sera lu trois fois par semaine, et pendant un mois, aux troupes placées sous leur commandement.

Ils recommanderont très-particulièrement aux chefs de corps de ne rien négliger pour que les militaires prochainement libérables soient informés aussi complétement que possible des avantages de diverse nature assurés désormais aux rengagements, soit au moment même où ils sont contractés, soit pendant le cours ou à l'expiration du service.

Les préfets, de leur côté, porteront immédiatement aussi, par tous les moyens de publicité dont ils disposent, à la connaissance de la population les nouvelles dispositions législatives qui intéressent à un égal degré les anciens militaires et les familles.

Je complète les explications qui précèdent par quelques instructions spéciales sur le mode de payement des primes de rengagement et des hautes payes.

PAYEMENT DES ALLOCATIONS ET DES HAUTES PAYES ATTRIBUÉES AUX RENGAGEMENTS ET AUX ENGAGEMENTS VOLONTAIRES APRÈS LIBÉRATION.

La somme de 100 francs, payable le jour du rengagement ou de l'incorporation, pour le premier rengagement de sept ans, ou pour l'engagement volontaire après libération, et celle de 200 francs payable soit au jour du rengagement ou de l'incorporation, soit pendant le cours du service, sur l'avis du conseil d'administration duement approuvé par le général de brigade, seront payées, à titre d'avance, sur les fonds généraux de la caisse du corps, par les soins du trésorier ou de l'officier payeur, sur feuille individuelle conforme au modèle A, page 185.

Il en sera de même de la somme de 100 francs attribuée pour chaque année de service, et payable à la libération, pour tout rengagement contracté pour moins de sept ans jusqu'à quatorze ans de service.

Les hautes payes de rengagement de 10 et de 20 centimes appartiendront aux rengagés ou aux engagés volontaires après libération, en toute position de présence ou d'absence légale; elles seront payées à terme échu, également sur les fonds généraux de la caisse du corps, à titre d'avance, aux mêmes jours que la haute paye de chevrons.

Les fonds nécessaires pour ce payement seront remis aux capitaines sur des états spéciaux conformes au modèle B, page 186.

Les payements faits aux hommes à titre de prime de rengagement seront constatés par les feuilles individuelles portant quittance (modèle A, page 185).

Quant à la haute paye, l'allocation en sera justifiée au moyen d'une feuille numérique (modèle C, page 187), que le trésorier ou l'officier commandant, suivant le cas, établira à la fin de chaque trimestre. Cette dernière pièce sera appuyée de l'état nominatif des hommes qui auront éprouvé des mutations (modèle D, page 188).

Pour obtenir de la Caisse des dépôts et consignations le remboursement de ses avances, le conseil d'administration ou l'officier commandant établira, à l'expiration de chaque trimestre, un bordereau récapitulatif (modèle E, page 189) des dépenses faites pour le compte de la Caisse de la dotation de l'armée. Ce bordereau, appuyé des feuilles individuelles (modèle A, page 185), après avoir été vérifié et arrêté par le sous-intendant militaire, sera présenté au préposé de la Caisse des dépôts et consignations le plus voisin de la garnison, chargé d'en acquitter le montant.

Dans le cas où ce payement éprouverait des difficultés, il en serait rendu compte au Ministre de la guerre par les soins de l'intendance militaire, en lui adressant (*Bureau du recrutement*) le bordereau récapitulatif, avec les pièces justificatives, afin que le remboursement puisse être concerté avec la Caisse des dépôts et consignations.

En attendant le réglement d'administration publique qui doit intervenir, les corps ouvriront un registre-journal distinct des dépenses et des recettes qu'ils effectueront pour le compte de la dotation de l'armée, et feront inscrire sur leur livret de solde, dans une section séparée, par les préposés de la Caisse des dépôts et consignations, les remboursements qui leur auront été faits par ladite caisse. Les sommes payées aux hommes seront également inscrites, par trimestre, dans une section distincte, sur leur livret individuel.

Toutes ces écritures seront d'ailleurs soumises, conformément à la règle générale, au contrôle de l'intendance militaire (1).

En résumé, la loi du 26 avril 1855, qui témoigne de la sollicitude incessante de l'Empereur pour les intérêts de l'armée et pour ceux de la population, fait du service militaire une carrière, et assure en même temps l'avenir du sous-officier et du soldat; elle complète l'organisation de l'armée sur des bases plus solides.

Enfin, en mettant un terme à un trafic honteux, elle rend plus sûre et plus accessible aux familles l'exonération du service, et facilite à l'Etat les moyens de diminuer, aussitôt que les circonstances le permettront, le nombre des hommes à appeler sous les drapeaux.

Je me plais donc à compter sur le concours empressé des autorités militaires et civiles, pour que la nouvelle loi soit partout bien comprise, et pour qu'elle produise immédiatement les heureux effets que le gouvernement est fondé à en attendre.

Recevez, Messieurs, l'assurance de ma considération la plus distinguée,

Le Maréchal de France,
Ministre Secrétaire d'Etat de la guerre,

VAILLANT.

(1) Les frais occasionnés dans les corps par cette comptabilité spéciale seront provisoirement imputés sur la masse générale d'entretien, sauf remboursement, s'il y a lieu, par la Caisse de la dotation.

DÉCRET

Impérial sur la composition de la Commission supérieure chargée de surveiller et de contrôler toutes les opérations relatives à la Dotation de l'armée.

NAPOLÉON, par la grâce de Dieu et la volonté nationale, EMPEREUR DES FRANÇAIS, à tous présents et à venir, salut :

Vu l'article 4 de la loi du 26 avril 1855 portant qu'une Commission supérieure, composée de quinze membres nommés par l'Empereur, sera chargée de surveiller et de contrôler toutes les opérations relatives à la dotation de l'armée ;

Sur le rapport de notre Ministre Secrétaire d'État au département de la guerre,

AVONS DÉCRÉTÉ ET DÉCRÉTONS ce qui suit :

ARTICLE PREMIER.

Sont nommés membres de la Commission supérieure instituée par l'article 4 précité de la loi du 26 avril 1855.

MM. Le maréchal MAGNAN, *sénateur, président de la Commission,*
Le comte D'ARGOUT, *sénateur,*
Le général vicomte DE LA HITTE, *sénateur,*
Le général marquis DE LAPLACE, *sénateur,*
Le général GÉMEAU, *sénateur,*
Le vice-amiral comte CÉCILLE, *sénateur,*
Le comte DE BEAUMONT, *sénateur,*
MONIER DE LA SIZERANNE, *député au Corps législatif,*
Le baron PAUL DE RICHEMONT, *député au Corps législatif,*
DE BELLEYME (Adolphe), *député au Corps législatif,*
DE PARIEU, *vice-président du Conseil d'État,*
Le général ALLARD, *président de la section de la guerre et de la marine au Conseil d'État,*

MM. Petitet, *conseiller d'État hors section, directeur de la comptabilité générale du département de la guerre,*

Guillemot, *directeur général de la caisse des dépôts et consignations,*

Tarbé des Sablons, *ancien administrateur,*

Fellmann, *chef du bureau du recrutement à l'administration centrale du département de la guerre,* remplira les fonctions de secrétaire de la Commission supérieure,

ART. 2.

Notre Ministre Secrétaire d'État au département de la guerre est chargé de l'exécution du présent décret.

Fait au palais des Tuileries, le 28 avril 1855.

NAPOLÉON.

Par l'Empereur :

Le Maréchal de France, Ministre Secrétaire d'État au département de la guerre,

Vaillant.

MINISTÈRE
DE LA GUERRE.

BUREAU
DU RECRUTEMENT.

Les anciens militaires qui, libérés du service depuis 1852, contracteront un engagement volontaire, seront admis à jouir des avantages accordés par la loi du 26 avril 1855, sur la Dotation de l'armée.

CIRCULAIRE.

Paris, le 3 mai 1855.

A MM. les Généraux commandant les divisions et les subdivisions territoriales et actives;
les Préfets des départements;
les Intendants et les Sous-Intendants militaires;
les Chefs de corps et les Conseils d'administration de toutes armes;
les Colonels et les Commandants de gendarmerie;
les Commandants des dépôts de recrutement et de réserve.

MESSIEURS,

Par ma circulaire du 27 avril, n° 417, je vous ai adressé des instructions provisoires pour l'exécution immédiate de la loi du 26 avril 1855, *sur la dotation de l'armée, le rengagement, le remplacement et les pensions militaires.*

Cette loi alloue aux anciens militaires libérés du service depuis moins d'une année, et qui rentreront sous les drapeaux par engagement volontaire, les avantages suivants :

1° Une prime de 1,000 francs, dont 300 francs payables par anticipation et 700 francs à l'expiration de l'engagement de sept ans;

2° Une haute paye de réengagement de 10 centimes par jour (cette haute paye se cumule avec celle affectée aux chevrons);

3° Une pension de retraite de 365 francs au minimum, après vingt-cinq ans de service accomplis avant quarante-huit ans d'âge.

L'empereur, appréciant le patriotisme dont les anciens militaires ont fait preuve en toutes circonstances, a décidé, le 1er mai, que, eu égard à l'état de guerre, et dans l'intérêt de l'armée comme aussi dans celui de la population, les avantages énumérés ci-dessus, seraient accordés à tous ceux des anciens militaires, qui, libérés du service *depuis* 1852 et n'ayant pas dépassé l'âge de trente-cinq ans, contracteront un nouvel engagement volontaire.

Je vous invite à donner la plus grande publicité possible à cette décision si favorable aux anciens militaires, et à vous y conformer, chacun en ce qui vous concerne.

Recevez, Messieurs, l'assurance de ma considération la plus distinguée,

Le Maréchal de France,
Ministre Secrétaire d'Etat de la guerre,

VAILLANT.

MINISTÈRE
DE LA GUERRE.

BUREAU
DU RECRUTEMENT.

Solution de diverses questions relatives à l'exécution de la loi du 26 avril 1855, sur la Dotation de l'armée.

CIRCULAIRE N. 423.

Paris, le 25 mai 1855.

A MM. les Généraux commandant les divisions et les subdivisions territoriales et actives;
les Préfets des départements;
les Intendants et les Sous-Intendants militaires;
les Chefs de corps et les Conseils d'administration de toutes armes;
les Colonels et les Commandants de gendarmerie;
les Commandants des dépôts de recrutement et de réserve.

MESSIEURS,

J'ai été consulté sur la solution à donner à diverses questions relatives à l'exécution de la loi du 26 avril 1855, sur la dotation de l'armée.

Pour prévenir toute interprétation erronée, et pour faire suite aux instructions contenues dans ma circulaire du 27 avril dernier (nº 417), j'ai, par décision de ce jour, arrêté les dispositions suivantes:

RENGAGEMENTS.

Le rengagement des militaires de la classe de 1847 qui ont été maintenus sous les drapeaux, en vertu de la décision impériale du 9 novembre 1854, doit compter du jour où ces militaires ont accompli le temps pour lequel ils étaient liés au service (7 ans), c'est-à-dire du 1er janvier 1855.

Les militaires de la classe de 1847 qui se sont rengagés pour deux ans, avant le 1er janvier 1855, peuvent, sur leur demande, être admis à contracter un nouveau rengagement de trois ans au moins, qui emportera annulation du précédent et dont l'effet remontera au jour même où ce dernier prenait date; ils jouiront en conséquence, des avantages déterminés par la loi du 26 avril 1855 (article 12).

Les militaires qui, en 1855, et antérieurement à la promulgation de la loi, se sont rengagés pour trois, quatre ou cinq ans, seront, sur leur demande, reçus à contracter un nouveau rengagement d'une durée de sept ans, qui annulera le précédent et dont l'effet remontera à l'époque où ce dernier prenait date.

Les quartorze ans de service, après lesquels les rengagés n'ont plus droit qu'à une haute paye journalière de 20 centimes (article 12, § dernier), commencent à courir du jour où les militaires ont été liés au service pour la première fois.

Les militaires, quelle que soit la durée de leurs services, peuvent contracter un rengagement de trois à sept ans, pourvu que ce rengagement n'ait pas pour effet de prolonger leur activité au delà de vingt-cinq ans de service, ou de quarante-sept ans d'âge.

Ceux qui comptent déjà huit, neuf, dix, onze, douze ou treize ans de service, ne sont plus admissibles à jouir des avantages attribués au premier rengagement de sept ans.

Dans ce cas, les militaires ont droit:

Pour chaque année de leur nouveau rengagement jusqu'à quatorze ans de service accomplis, à une annuité de 100 francs payable après la libération définitive, et à la haute paye journalière de 10 centimes;

Pendant les années qui suivront les quatorze ans de service accomplis, à la haute paye journalière de 20 centimes, sans annuité.

Les engagés volontaires qui sont dans leur cinquième ou sixième année de service sont susceptibles de contracter des rengagements de trois à sept ans, comme le peuvent, aux termes de l'article 11 de la loi, les engagés volontaires qui sont dans leur quatrième année de service.

PAYEMENT DES ALLOCATIONS ET DES HAUTES PAYES ATTRIBUÉES AUX RENGAGEMENTS ET AUX ENGAGEMENTS APRÈS LIBÉRATION DU SERVICE MILITAIRE.

La portion de la prime de rengagement payable comptant doit être soldée au moment où le rengagement est contracté, que les militaires aient terminé ou non leur temps de service. La haute paye, au contraire, ne commence et n'est touchée qu'à l'expiration du temps pour lequel les militaires servaient précédemment.

La haute paye journalière de 10 centimes doit être payée, à partir du 1er janvier 1855, aux militaires libérables au 31 décembre 1854, qui, maintenus sous les drapeaux, n'ont contracté un rengagement que dans les premiers mois de 1855, ou depuis la promulgation de la loi.

La haute paye de 10 centimes doit également être payée, à dater du 1er janvier 1855, aux militaires libérables au 31 décembre 1854 qui ont obtenu l'annulation de leur acte de rengagement contracté sous l'empire de la loi du 21 mars 1832, pour en contracter un nouveau, conformément aux dispositions de la loi du 26 avril 1855.

Quant aux rengagements contractés en 1854 par des militaires autres que ceux qui étaient libérables au 31 décembre de cette année, ils ne peuvent donner droit aux allocations prévues par l'article 12 et attribuées par l'article 23 aux militaires qui se sont rengagés en 1855.

Les militaires servant au titre de rengagés ou de remplaçants, qui se rengagent dans leur quatorzième année de service, ont droit à une annuité de 100 francs, comme prime de rengagement, qui est payable à la libération du service; ceux qui comptent plus de quatorze ans de service n'ont droit qu'à la seule allocation d'une haute paye journalière de 20 centimes.

PENSIONS DE RETRAITE.

D'après la jurisprudence constamment suivie, le temps passé dans leurs foyers par les jeunes soldats qui n'ont jamais été incorporés n'est pas admis dans la liquidation de la pension de retraite.

Les militaires qui, quels que soient leur âge et la durée de leurs services, n'ont pas encore achevé le temps de leur dernier engagement, sont tenus de l'accomplir entièrement, à moins toutefois que, dans l'intérêt du service, ils ne soient admis d'office à faire valoir leurs droits à la pension de retraite.

Recevez, Messieurs, l'assurance de ma considération la plus distinguée,

Le Maréchal de France,
Ministre Secrétaire d'État de la guerre,

VAILLANT.

MINISTÈRE

DE LA GUERRE.

BUREAU

DE RECRUTEMENT.

Solution de diverses questions relatives à l'application de la loi du 26 avril 1855, sur la Dotation de l'armée.

CIRCULAIRE N. 425.

Paris, le 6 juillet 1855.

A MM. les Généraux commandant les divisions et les subdivisions territoriales et actives;
les Préfets des départements;
les Intendants et les Sous-Intendants militaires;
les Chefs de corps et les Conseils d'administration de toutes armes;
les Colonels et les Commandants de gendarmerie;
les Commandants des dépôts de recrutement et de réserve.

MESSIEURS,

Pour faire suite aux instructions provisoires des 27 avril et 25 mai derniers, relatives à la loi du 26avril 1855, sur la dotation de l'armée, voici les solutions dont m'ont paru susceptibles les nouvelles questions qui m'ont été soumises.

RENGAGEMENTS ET ENGAGEMENTS APRÈS LIBÉRATION DU SERVICE MILITAIRE.

Les militaires rengagés, engagés ou remplaçants qui sont libérables avant d'avoir accompli sept ans de service, soit dans l'armée active, soit dans la réserve, sont admissibles, lorsqu'ils se trouvent dans la dernière année du service auquel ils sont liés, à contracter un rengagement de sept ans donnant immédiatement droit à la prime de 1,000 francs; mais la haute paye journalière de 10 centimes ne leur est due qu'après l'expiration des sept années de service exigées par la loi du 21 mars 1832.

La même disposition est applicable aux anciens militaires qui, ayant eu droit à leur congé définitif sans avoir accompli sept ans de service, ont contracté ou contracterons, après libération, un engagement volontaire de sept ans, dans les conditions de la loi du 26 avril 1855 et de la décision impériale du 1er mai suivant.

Par suite d'une fausse interprétation de l'article 12 de la même loi, des corps ont attribué la prime de 1,000 francs à des rengagements contractés par des militaires qui, comptant 8, 9, 10, 11, 12 ou 13 ans de service, croyaient néanmoins avoir droit à cette prime.

La circulaire du 25 mai 1855, nº 423, notifiée postérieurement à ces rengagements, a fait connaître que la prime de 1,000 francs ne devait pas leur être allouée.

Dans cet état de choses, et pour tenir compte de la bonne foi qui a présidé à ces actes, les militaires rengagés dans ces conditions pourront être admis à contracter un nouveau rengagement de trois ans au moins, qui emportera annulation du précédent, et dont l'effet remontera à l'époque où celui-ci prenait date.

Dans ce dernier cas, ils auront droit, comme l'a déjà indiqué la circulaire du 25 mai, nº 423 :

1º Jusqu'à quatorze ans de service accomplis, pour chaque année de leur rengagement, à une annuité de 100 francs payable, après libération définitive, et à la haute paye journalière de 10 centimes;

2º Pendant les années qui suivront les quatorze ans de service accomplis, à la haute paye journalière de 20 centimes, sans annuité.

Quant à la portion de la prime qu'ils ont touchée, elle sera imputable sur les annuités qui leur seront allouées proportionnellement à la durée de leur rengagement.

S'il arrivait cependant que quelques-uns de ces militaires ne voulussent pas contracter un rengagement de trois ans, celui qu'ils ont contracté pour sept ans pourra être purement et simplement annulé, mais à la condition, bien entendu, qu'ils rembourseront préalablement la portion de la prime qu'ils ont déjà touchée.

Les dispositions prescrites par la même circulaire du 25 mai, en ce qui concerne les rengagements contractés par des militaires qui comptent de huit à treize ans de service, doivent également être appliquées aux engagements volontaires après libération contractés par d'anciens militaires qui comptent le même nombre d'années de service antérieur. Ceux-ci, comme les rengagés, ne sont plus dans les conditions voulues pour jouir des avantages attribués au premier rengagement de sept ans, qu'ils aient été libérés depuis moins d'un an ou depuis le 31 décembre 1852.

Les allocations auxquelles ces engagés ont droit sont les mêmes que celles indiquées ci-dessus pour les rengagés comptant de huit à treize ans de service.

Pour les corps indigènes ou étrangers, il est évident que la loi du 26 avril 1855 n'est point applicable en ce qui concerne les primes et les hautes payes attribuées aux rengagements. Toutefois, sont admissibles au bénéfice de ces primes et de ces hautes payes, les sous-officiers, caporaux ou brigadiers et soldats français qui, servant dans ces corps, au *titre français*, composent les cadres constitués en vertu d'ordonnances ou de décrets organiques.

PAYEMENT DES ALLOCATIONS ET DES HAUTES PAYES ATTRIBUÉES AUX RENGAGEMENTS.

Les sommes payées par les corps, à titre de prime de rengagement, à des militaires qui n'y avaient aucun droit, et dont la restitution immédiate n'a pu avoir lieu, seront provisoirement portées en dépense, au compte de la dotation de l'armée, sur le registre-journal prescrit par la circulaire du 27 avril dernier, n° 417, sauf régularisation ou remboursement ultérieur, en temps utile.

La tenue de ce registre, qui n'est d'ailleurs, au point de vue de l'administration générale du corps, qu'un livre auxiliaire, au moyen duquel on peut se rendre compte, à tout instant, des opérations intéressant spécialement la Caisse de la dotation, ne saurait dispenser d'inscrire *sommairement* au registre-journal du corps les sommes payées ou encaissées pour le service de la dotation, et par suite de les porter au registre de la centralisation, qui, aux termes de l'article 126 de l'ordonnance du 10 mai 1844, doit présenter *toutes les recettes et toutes les dépenses* faites au titre des corps. En conséquence, deux colonnes de ce dernier registre seront affectées aux comptes à ouvrir pour le service de la dotation de l'armée.

Je ne crois pas devoir terminer les instructions qui précèdent sans rappeler ici que la prime de 1,000 francs, allouée par l'article 12 de la loi du 26 avril 1855 pour les rengagements et les engagements après libération, n'est qu'un minimum, comme l'a déjà expliqué la circulaire du 27 avril, n° 417, et il y a lieu de prévoir que ce minimum sera augmenté pour les rengagements et les engagements qui ont été ou qui seront encore contractés en 1855.

J'ajoute également, en ce qui concerne le remplacement par voie administrative, lorsqu'il sera indispensable d'y recourir, que le prix en sera fixé de manière que la rémunération attribuée aux rengagements ou aux engagements après libération de la même année soit toujours supérieure. Quant au payement du prix du remplacement, il ne se fera que dans les proportions et dans les délais fixés pour le payement du prix du rengagement et de l'engagement après libération.

Il importe que les militaires qui sont sous les drapeaux et ceux qui sont libérés du service depuis le 31 décembre 1852 soient parfaitement éclairés sur l'une et l'autre de ces questions, et je vous recommande de ne rien négliger à cet effet.

Recevez, Messieurs, l'assurance de ma considération la plus distinguée,

Le Maréchal de France,
Ministre Secrétaire d'État de la guerre,
VAILLANT.

MINISTÈRE

DE LA GUERRE.

BUREAU

DU RECRUTEMENT.

Envoi d'un arrêté portant fixation à 2,300 fr. de la prime allouée aux rengagements et aux engagements volontaires après libération contractés pendant l'année 1855.

CIRCULAIRE N. 426.

Paris, le 14 juillet 1855.

A MM. les Généraux commandant les divisions et les subdivisions territoriales et actives;

les Préfets des départements;

les Intendants et les Sous-Intendants militaires;

les Chefs de corps et les Conseils d'administration de toutes armes;

les Colonels et les Commandants de gendarmerie;

les Commandants des dépôts de recrutement et de réserve.

MESSIEURS,

Mes circulaires du 27 avril 1855, n° 417, et du 6 de ce mois, n° 425, vous ont fait connaître que la prime de 1,000 fr. allouée par la loi du 26 avril 1855 aux rengagements et aux engagements volontaires après libération, contractés pour sept années, était un minimum susceptible d'être augmenté pour les rengagements et les engagements qui ont été ou qui seront encore contractés en 1855.

Il m'a paru juste et opportun, en considération des circonstances actuelles, d'user dès à présent de la faculté que laisse l'article 14 de la loi, d'augmenter le chiffre de cette prime.

La Commission supérieure de la dotation de l'armée, que j'avais saisie de l'examen de la question, s'est associée à cette pensée, et a adopté, dans sa séance du 12 de ce mois, des propositions que j'ai cru devoir consacrer par l'arrêté dont je vous adresse ci-joint une ampliation.

Aux termes de cet arrêté, la prime de 1,000 fr. est élevée à 2,300 fr.

Ainsi, le premier rengagement de sept ans donne droit :

1° A une somme de 2,300 fr., dont 700 fr. payables le jour du rengagement ou de l'incorporation ; 300 fr. soit au jour du rengagement ou de l'incorporation, soit pendant le cours du service, sur l'avis du conseil d'administration du corps et 1,300 fr. à la libération définitive du service ;

2° A une haute paye de rengagement qui reste fixée à 10 centimes par jour.

Tout rengagement contracté pour moins de sept ans donne droit, jusqu'à quatorze ans de service :

1° A une somme de 230 fr. pour chaque année de rengagement, payable à la libération du service ;

2° A la haute paye de rengagement de 10 centimes par jour.

Après quatorze ans de service, le rengagé n'a droit qu'à la haute paye journalière de 20 centimes.

Ces hautes payes de rengagement sont indépendantes de la haute paye des chevrons, avec laquelle elles se cumulent et sont payées simultanément.

Conformément à l'article 13 de la loi du 26 avril, les engagements volontaires après libération donnent également droit aux allocations ci-dessus attribuées aux rengagements.

Les anciens militaires rengagés ou engagés après libération, depuis le 1er janvier 1855, dans les conditions de la loi du 26 avril, jouiront également du bénéfice des dispositions qui précèdent. La première portion de la prime, payable comptant, leur sera immédiatement complétée à 700 fr. ; la deuxième portion sera également complétée à 300 fr., soit immédiatement, soit pendant le cours du service, sur l'avis du conseil d'administration du corps. Quant aux 1,300 fr. formant la troisième portion complémentaire de la prime de 2,300 fr., ils seront payés à la libération du service.

Les conseils d'administration des corps et les généraux de brigade devront, en tenant compte des circonstances ou des besoins légitimes des militaires disposés à se rengager, ou qui s'engageront après libération, leur faire payer dès à présent les deux portions de la prime payables comptant ; c'est-à-dire 1,000 fr.

Ces avantages exceptionnels accordés aux anciens militaires détermineront sans doute un grand nombre d'entre eux à rester ou à revenir sous les drapeaux.

A cet effet, les généraux commandant les divisions territoriales et actives en feront l'objet d'un ordre général qui sera lu une fois par semaine, jusqu'à la fin de l'année, aux troupes placées sous leur commandement : ils recommanderont particulièrement aux chefs de corps de ne rien négliger pour que tous les militaires admissibles à se rengager soient éclairés, aussi complétement que possible, sur les nouveaux avantages assurés aux rengagements ; ils feront, d'ailleurs, afficher dans les casernes l'arrêté ministériel, en date de ce jour, dont des exemplaires sont ci-joints.

Les préfets, de leur côté, porteront immédiatement à la connaissance des populations, par tous les moyens de publicité, les nouvelles dispositions qui intéressent à un égal degré des anciens militaires libérés du service depuis le 31 décembre 1852 ; ils feront aussi publier et afficher dans toutes les communes l'arrêté précité ; ils donneront, enfin, à MM. les maires les explications et les renseignements qui leur paraîtront nécessaires.

En m'accusant réception de la présente circulaire, vous voudrez bien me rendre un compte détaillé des mesures que vous aurez prises pour assurer l'exécution des prescriptions qu'elle renferme.

Recevez, Messieurs, l'assurance de ma considération la plus distinguée,

Le Maréchal de France,
Ministre Secrétaire d'État de la guerre,

VAILLANT.

ARRÊTÉ

Ministériel qui fixe à 2,300 francs la prime allouée aux rengagements et aux engagements volontaires après libération contractés pendant l'année 1855.

Le Maréchal de France, Ministre secrétaire d'Etat de la guerre,

Vu la loi du 26 avril 1855, relative à la création d'une dotation de l'armée, au rengagement, au remplacement et aux pensions militaires;

Vu la délibération de la Commission supérieure de la dotation de l'armée, en date du 12 juillet, portant qu'il y a lieu, en considération des circonstances actuelles, d'user de la faculté donnée par l'article 14 de la loi du 26 avril, ainsi conçu : « Sur la proposition de la Commission supérieure, un arrêté du Ministre » de la guerre peut augmenter les allocations fixées par l'article 12, autres que » la haute paye; »

Arrête, conformément aux propositions de la Commission supérieure :

Article premier. Les rengagements de sept ans, qui seront contractés pendant l'année 1855, donneront droit, indépendamment de la haute paye de 10 centimes par jour :

A une somme de 2,300 fr., dont 700 fr. payables le jour du rengagement ou de l'incorporation; 300 fr. soit au jour du rengagement ou de l'incorporation, soit pendant le cours du service, sur l'avis du conseil d'administration du corps, et 1,300 fr. à la libération définitive du service.

Tout rengagement contracté pour moins de sept ans donnera droit, jusqu'à quatorze ans de service, indépendamment de la haute paye de 10 c. par jour :

A une somme de 250 fr. par chaque année, payable à la libération du service.

Art. 2. Les engagements volontaires après libération, contractés en 1855, dans les conditions de la loi du 26 avril (article 11), par des militaires libérés du service depuis le 31 décembre 1852, donneront également droit aux avantages spécifiés par l'article précédent.

Art. 3. Tous les rengagements et tous les engagements volontaires après libération contractés en 1855, antérieurement au présent arrêté, dans les conditions de la loi précitée, bénéficieront des avantages énoncés aux articles 1 et 2 ci-dessus.

En conséquence, la première portion de la prime payable comptant sera immédiatement complétée à 700 fr.; la deuxième portion de 300 fr. et les 1,300 fr acquis à l'expiration du service seront payés ainsi qu'il est déterminé à l'article 1er du présent arrêté.

Paris, le 14 juillet 1855.

Le Maréchal de France,
Ministre Secrétaire d'Etat de la guerre,

VAILLANT.

La loi du 26 avril 1855 et l'arrêté ci-dessus assurent aux militaires sous les drapeaux, comme aux anciens soldats libérés du service qui rentrent dans l'armée, par un nouvel engagement, des avantages matériels tout à fait exceptionnels et bien supérieurs à ceux qu'ils aient jamais pu réaliser, en même temps que leur honorabilité militaire est non-seulement sauvegardée de toute atteinte, mais s'augmente avec la durée de leur service.

Ainsi, le rengagement de sept ans, de même que l'engagement après libération du service, donne droit :

1° A une somme de 2,300 fr., dont 700 fr. payables le jour du rengagement ou de l'incorporation, 300 fr. à la même époque ou pendant le cours du service, et 1,300 fr. à la libération du militaire ;

2° A une haute paye journalière de rengagement de 10 centimes, qui, pour les sept années de service, s'élève à la somme de 255 fr. 50 c., et se perçoit simultanément avec la *haute paye de chevrons.*

La quotité de cette dernière haute paye varie selon le grade du militaire, l'arme à laquelle il appartient, et suivant que, d'après son ancienneté de service, il a un ou deux chevrons; cette allocation s'élève, en moyenne, pour sept ans, à 332 fr. 15 c.

Soit donc, pour un rengagement ou pour un engagement après libération, la somme totale de 2,887 fr. 65 c. payée intégralement.

Les conseils d'administration des corps sont d'ailleurs autorisés à faire payer sur-le-champ aux militaires rengagés ou engagés après libération les deux portions de la prime payables par anticipation, c'est-à-dire 1,000 fr.

Tout rengagement contracté pour moins de sept ans donne droit jusqu'à quatorze ans de service :

1° A une somme de 230 fr. pour chaque année de rengagement, payable à la libération du militaire ;

2° A la haute paye de rengagement de dix centimes par jour, cumulée avec la haute paye de chevrons ; ci, par an, 85 fr. 95 c.

Soit donc encore, pour un rengagement de cinq ans, par exemple, la somme totale de 1,569 fr. 75 c. payée, comme la précédente, intégralement.

Après quatorze ans de service, le rengagé reçoit seulement la haute paye de rengagement, fixée à 20 centimes par jour, et par an à 73 fr., qu'il cumule avec la haute paye de chevrons, s'élevant, en moyenne, à pareille somme de 73 fr., soit au total, par an, 146 fr.

Tous les militaires qui se sont rengagés ou engagés après libération depuis le 1er janvier 1855, dans les conditions de la loi du 26 avril, devant jouir, par rappel, du bénéfice des dispositions qui précèdent, recevront, aussitôt après la publication de l'arrêté ministériel, les allocations supplémentaires auxquelles ils ont immédiatement droit.

Les diverses sommes attribuées aux rengagés et aux engagés après libération sont incessibles et insaisissables, et, en cas de décès, une part de ces sommes, proportionnelle à la durée du service accompli, est dévolue aux héritiers et ayant cause de ces militaires.

Indépendamment de ces avantages, une autre récompense plus précieuse leur est assurée, à la fin de leur carrière, par la loi nouvelle :

Pension militaire accordée à vingt-cinq ans de service au lieu de trente ans;

Augmentation de 165 fr. pour chaque pension liquidée, soit pour vingt-cinq ans de service, soit avant vingt-cinq ans, pour cause de blessures ou d'infirmités graves.

Les militaires pourront donc désormais revenir chez eux au plus tard à quarante-six ans, avec une pension qui ne sera, dans aucun cas, inférieure à 365 fr., soit 1 fr. par jour.

Pour les sous-officiers, le sergent par exemple, le minimum de sa pension sera de 415 fr. et le maximum de 678 fr.

L'augmentation de 165 fr. profitera également, dans la proportion du quart, aux veuves et aux orphelins des militaires qu'elle concerne.

D'après les résultats déjà obtenus, le gouvernement espère n'avoir pas besoin de recourir, en 1856, aux remplacements par voie administrative qu'autorise la loi ; mais, dès à présent, il doit déclarer que, dans son intention, le chiffre des allocations qui pourraient ultérieurement être affectées aux remplacements sera toujours inférieur à la rémunération attribuée aux rengagements et aux engagements après libération.

Le moment de déterminer la quotité de l'exonération du service n'est pas encore venu ; elle sera fixée, aux termes de la loi, avant les opérations des conseils de révision pour la classe de 1855, et assez à l'avance pour que les familles qui voudront user de ce moyen puissent se mettre en mesure en temps utile.

Par l'ensemble de ces dispositions, destinées à mettre fin à un trafic contre lequel les populations ont protesté à juste titre depuis nombre d'années, le gouvernement de l'Empereur, en améliorant l'organisation de l'armée, a voulu surtout que les militaires ne fussent pas plus longtemps victimes de tant d'odieuses manœuvres, qui ne laissaient entre leurs mains qu'une très-faible partie du prix du remplacement.

Il veut qu'ils reçoivent comptant une somme assez élevée pour leur permettre de venir immédiatement en aide à leurs familles, tout en leur réservant une autre un peu plus forte qu'ils toucheront à l'expiration de leur temps de service.

Le pays tout entier applaudira à ces vues généreuses, et y trouvera un nouveau témoignage de la sollicitude avec laquelle l'Empereur veille aux intérêts de l'armée et à ceux de la population.

MINISTÈRE

DE LA GUERRE.

BUREAU

DU RECRUTEMENT.

Solution relative à l'exécution de la loi du 26 avril 1855, sur la Dotation de l'armée.

CIRCULAIRE N. 427.

Paris, le 18 juillet 1855.

A MM. les Généraux commandant les divisions territoriales et actives;
les Intendants militaires;

MESSIEURS,

Diverses autorités militaires ont demandé si les portions de prime de rengagement ou d'engagement, payées par anticipation, étaient sujettes à répétition lorsque, dans les cas prévus par les articles 16 et 17 de la loi du 26 avril 1855, leur quotité excède la part proportionnelle à la durée du service accompli par le militaire dont la position vient à se modifier, avant l'expiration de son rengagement ou engagement.

La Commission supérieure de la dotation de l'armée, à laquelle j'avais dû soumettre la question, a pensé qu'il y avait lieu, en attendant le réglement d'administration publique à intervenir, d'adopter une solution générale négative.

Ainsi, les sommes payées par anticipation sur la prime de rengagement ou d'engagement après libération demeurent acquises, dans tous les cas, aux militaires qui les ont reçues.

Il va sans dire que, lorsque la part proportionnelle revenant aux militaires dont il s'agit sera plus élevée que le montant des avances qu'ils auront déjà perçues, la différence sera immédiatement liquidée à leur profit.

Par suite de l'élévation de la prime de rengagement et d'engagement après libération et des rappels auxquels ont eu droit simultanément tous les militaires rengagés ou engagés dans les termes de la loi du 26 avril 1855, avant l'arrêté du 14 juillet, les caisses de quelques corps ne sont pas en mesure d'attendre, pendant trois mois, les remboursements que la Caisse des dépôts et consignations doit leur faire (Circulaire du 27 avril 1855).

Pour remédier à cet inconvénient, j'ai arrêté, de concert avec l'administration de la Caisse des dépôts et consignations, les dispositions suivantes :

Dans le cas de nécessité absolue, les avances effectuées par les corps, pour le compte de la dotation de l'armée, seront remboursées, tous les dix jours, par la Caisse des dépôts et consignations, à la charge par les corps de prévenir, dix jours à l'avance, l'agent de cette caisse.

D'un autre côté, j'ai donné des ordres afin que les avances que les corps font ordinairement dans le cours de l'année, pour les dépenses au compte des divers services administratifs de la guerre, leur soient remboursées par les soins de l'administration centrale aussi promptement que possible.

Vous assurerez, chacun en ce qui vous concerne, l'exécution de ces dispositions, qui seront notifiées dans les corps par les soins des généraux commandant les divisions.

Recevez, Messieurs, l'assurance de ma considération la plus distinguée,

Le Maréchal de France,
Ministre Secrétaire d'État de la guerre,

VAILLANT.

MINISTÈRE
DE LA GUERRE.

BUREAU
DU RECRUTEMENT.

Nouvelle solution relative à l'exécution de la loi du 26 avril 1855, sur la Dotation de l'armée.

CIRCULAIRE N. 428.

Paris, le 2 août 1855.

A MM. les Généraux commandant les divisions et les subdivisions territoriales et actives;
les Préfets des départements;
les Intendants et les Sous-Intendants militaires;
les Chefs de corps et les Conseils d'administration de toutes armes;
les Colonels et les Commandants de gendarmerie;
les Commandants des dépôts de recrutement et de réserve.

MESSIEURS,

Aux termes de l'arrêté du 14 de ce mois, notifié par ma circulaire du même jour, la prime attribuée aux rengagements contractés pour moins de sept ans est fixée, par chaque année de rengagement, à la somme de 230 francs payable après la libération du service.

L'élévation de cette prime, qui antérieurement n'était que de 100 francs, a soulevé la question de savoir s'il n'y aurait pas lieu d'en payer une portion comptant le jour du rengagement ou de l'incorporation, en réservant seulement la somme de 100 francs qui, d'après l'article 12 de la loi du 26 avril 1855, ne doit être remise au militaire qu'après sa libération du service.

Une solution affirmative est évidemment en harmonie avec l'esprit de la loi, en même temps qu'elle est conforme à ce qu'exige l'intérêt de l'armée, surtout dans les circonstances actuelles.

Tel a été aussi l'avis de la Commission supérieure de la dotation, que j'avais cru devoir saisir de cette question.

L'annuité de 230 francs à laquelle ont droit, jusqu'à quatorze ans de service, les militaires rengagés pour moins de sept ans, devra donc être payée de la manière suivante :

100 francs le jour du rengagement ou de l'incorporation ;

30 francs, soit à la même époque, soit pendant le cours du service, sur l'avis du conseil d'administration du corps ;

100 francs à la libération définitive du service (1).

Par une conséquence naturelle, et ainsi qu'il a déjà été expliqué par la circulaire du 25 mai, l'annuité de 230 francs à laquelle ont également droit, jusqu'à quatorze ans de service, les militaires qui, comptant de huit à treize ans de service, contractent un rengagement de sept ans, sera payée dans les proportions et aux époques indiquées ci-dessus (2).

(1) 1er *Exemple :* Un rengagement contracté pour cinq ans par un militaire comptant sept, huit ou neuf ans de service, donne droit, jusqu'à quatorze ans de service :

1. A une somme de 1,150 francs, dont 500 francs payables le jour du rengagement ou de l'incorporation ; 150 francs à la même époque ou pendant le cours du service, et 500 francs à la libération définitive ;

2. A une haute paye journalière de rengagement de 10 centimes, cumulée avec la haute paye de chevrons ; ci, ensemble, par an, 83 fr. 95 cent.

Soit donc, pour un rengagement de cinq ans, la somme totale de 1,569 fr. 75 cent. payée intégralement.

Après quatorze ans de service, le rengagé reçoit seulement la haute paye de rengagement fixée à 20 cent. par jour, et par an à 73 fr., qu'il cumule avec la haute paye de chevrons.

(2) 2e *Exemple :* Un militaire comptant huit ans de service, qui se rengage pour sept ans, a droit, jusqu'à quatorze ans de service :

1. A une somme de 1,380 francs, dont 600 francs payables le jour du rengagement ou de l'incorporation ; 180 francs à la même époque ou pendant le cours du service, et 600 fr. à la libération définitive ;

2. A la haute paye de rengagement de 10 centimes par jour, cumulée avec la haute paye de chevrons ; ci, ensemble, par an, 83 fr. 95 cent.

Soit donc, pour un rengagement de sept ans, la somme totale de 1,883 fr. 70 cent. payée intégralement.

Après quatorze ans de service, le rengagé reçoit seulement la haute paye de rengagement fixée à 20 cent. par jour, et par an à 73 fr., qu'il cumule avec la haute paye de chevrons.

Tous les militaires qui se sont rengagés depuis le 1er janvier 1855, dans les conditions de la loi du 26 avril, jouiront, par rappel, du bénéfice des dispositions qui précèdent, et recevront, aussitôt après la réception de la présente circulaire, les allocations qui leur reviennent.

Enfin, les engagements volontaires après libération contractés en 1855, dans les conditions de la loi précitée, donneront également droit aux avantages spécifiés ci-dessus.

Les conseils d'administration des corps et les généraux de brigade auront à apprécier la position des militaires rengagés ou engagés après libération, et, s'il y a lieu, leur feront payer en même temps les deux portions de l'annuité payables par anticipation, c'est-à-dire 130 francs pour chaque année de rengagement.

Ces nouvelles et bienveillantes dispositions seront portées, sans retard, à la connaissance des militaires qu'ils concernent.

A cet effet, les généraux commandant les divisions territoriales et actives devront en faire l'objet d'un ordre général qui, comme l'arrêté du 14 juillet, sera lu une fois par semaine, jusqu'à la fin de l'année, aux troupes placées sous leur commandement.

De leur côté, les préfets leur donneront la plus grande publicité par tous les moyens dont ils disposent,

Recevez, Messieurs, l'assurance de ma considération la plus distinguée,

Le Maréchal de France,
Ministre secrétaire d'État de la guerre,

VAILLANT.

MINISTÈRE
DE LA GUERRE.

BUREAU
DU RECRUTEMENT.

Nouvelle solution relative à l'exécution de la loi du 26 avril 1855, sur la Dotation de l'armée.

CIRCULAIRE.

Paris, le 7 septembre 1855

A MM. les Généraux commandant les divisions et les subdivisions territoriales et actives;
les Préfets des départements;
les Intendants et les Sous-Intendants militaires;
les Chefs de corps et les Conseils d'administration de toutes armes;
les Colonels et les Commandants de gendarmerie;
les Commandants des dépôts de recrutement et de réserve.

MESSIEURS,

J'ai été consulté sur la question de savoir comment doivent être supputées les fractions d'année de service des militaires admis, en vertu de la loi du 26 avril 1855, à contracter des rengagements ou des engagements volontaires après libération.

Il m'a paru que les services de ces militaires devaient être décomptés suivant les règles observées par mon département pour la liquidation des pensions de retraite.

En conséquence, la fraction excédant une année ne sera pas admise dans le décompte des services lorsqu'elle sera de moins de quinze jours (1).

(1) 1er *Exemple :* Un militaire ayant accompli huit ans six mois et quatorze jours de service, à l'époque où prend date un rengagement qu'il a contracté pour une durée de sept ans, a droit, jusqu'à quatorze ans de service :

1. A la haute paye journalière de 10 centimes pendant cinq ans cinq mois et dix-sept jours, soit. . . . . . . 199 fr. 40 c.

2. Pour cinq années entières, à cinq annuités de 230 fr. payables dans les proportions et aux époques déterminées par la circulaire du 2 août dernier, n. 427, soit. 1,150 00

A reporter. 1,349 40

A partir de quinze jours et jusqu'à six mois et quatorze jours inclus, la fraction d'année sera comptée pour six mois.

Enfin la fraction sera admise pour une période de douze mois, lorsqu'elle sera de six mois et quinze jours ou dépassera cette limite (1).

Dans la supputation des primes attribuées aux rengagements et aux engagements après libération, chaque période dont la durée aura été admise pour six mois donnera droit à la moitié d'une annuité.

Quant à la haute paye de rengagement, qui est basée sur la durée réelle du service, elle n'est susceptible d'aucune variation, et doit être payée suivant le nombre des jours de service.

Report.	1,349	40
3. Pour cinq mois et dix-sept jours comptés pour six mois, à la moitié d'une annuité de 230 fr., soit.	115	00
dont 50 fr. payables le jour du rengagement ou de l'incorporation ; 15 fr. à la même époque ou pendant le cours du service, sur l'avis du conseil d'administration du corps, et 50 fr. à la libération du service.		
Après quatorze ans de service, ce militaire reçoit seulement la haute paye de 20 centimes, soit, pour une période d'un an six mois et quatorze jours, 112 fr. 30 cent., ci.	112	30
TOTAL.	1,576	70

(1) 2e *Exemple :* Un militaire comptant onze ans cinq mois et quatorze jours de service, au moment où commence à courir un rengagement qu'il a contracté pour une durée de cinq ans, a droit, jusqu'à quatorze ans de service :

1. A la haute paye journalière de 10 centimes, soit pour deux ans six mois et seize jours.	92 fr.	85 c.
2. Pour les deux ans six mois et seize jours, comptés pour trois années entières, à trois années de 230 fr. payables dans les proportions et aux époques déterminées par la circulaire précitée du 2 août dernier, soit.	690	00
Après quatorze ans de service, ce militaire reçoit seulement la haute paye journalière de 20 centimes pendant deux ans cinq mois et quatorze jours, soit.	179	20
TOTAL.	962	05

Il importe que les militaires qui sont sous les drapeaux et ceux qui ont été libérés depuis le 31 décembre 1852 soient parfaitement éclairés sur la nouvelle solution qui fait l'objet de cette circulaire, et je vous invite à ne rien négliger à cet effet.

Recevez, Messieurs, l'assurance de ma considération la plus distinguée,

Le Maréchal de France,
Ministre Secrétaire d'Etat de la guerre,

VAILLANT.

MINISTÈRE
DE LA GUERRE.

BUREAU
DU RECRUTEMENT.

Arrêté portant fixation du taux de l'exonération du service militaire en 1856.

CIRCULAIRE N. 441.

Paris, le 21 décembre 1855.

MONSIEUR LE PRÉFET,

J'ai l'honneur de vous adresser ampliation de mon arrêté en date de ce jour, qui, sur la proposition conforme de la Commission supérieure de la dotation de l'armée, fixe à 2,800 francs le taux de la prestation individuelle à payer par les jeunes gens de la classe de 1855 pour obtenir l'exonération du service militaire.

C'est dans le courant du mois de mars prochain que les conseils de révision auront à statuer sur les demandes d'exonération ; les familles ont donc tout le temps nécessaire pour se conformer aux prescriptions de la loi.

Les versements de la prestation individuelle pourront avoir lieu pour le compte de la dotation de l'armée, chez tous les préposés de la Caisse des dépôts et consignations (receveurs généraux et particuliers des finances). Du reste, le réglement d'administration publique qui ne tardera pas à être promulgué, et les instructions ministérielles qui l'accompagneront, feront très-prochainement connaître le mode d'exécution.

En attendant, Monsieur le Préfet, je vous invite à faire immédiatement publier et afficher mon arrêté et la présente circulaire dans *toutes les communes* de votre département.

Recevez, Monsieur le Préfet, l'assurance de ma considération très-distinguée,

Le Maréchal de France,
Ministre secrétaire d'État de la guerre,

VAILLANT.

ARRÊTÉ

Du Ministre Secrétaire d'État de la guerre portant fixation de la prestation individuelle à payer pour l'exonération du service militaire en 1856.

Le Maréchal de France, Ministre Secrétaire d'État de la guerre,

Vu les articles 5, 6 et 7 de la loi du 26 avril 1855 sur la dotation de l'armée, ainsi conçus :

Art. 5. Les jeunes gens compris dans le contingent annuel obtiennent l'exonération du service au moyen de prestations versées à la Caisse de la dotation, et destinées à assurer leur remplacement dans l'armée, par la voie du rengagement d'anciens militaires.

Art. 6. Le taux de la prestation individuelle est fixé chaque année, sur la proposition de la Commission supérieure, par un arrêté du Ministre de la guerre.

Art. 7. Les versements des prestations à la Caisse de la dotation doivent être effectués dans les dix jours qui suivent la clôture des opérations des conseils de révision.

A l'expiration de ce délai, le conseil de révision, réuni au chef-lieu du département, prononce les exonérations sur la présentation des récépissés de versement.

Vu la délibération de la Commission supérieure de la dotation, en date de ce jour ;

Arrête :

Le taux de la prestation individuelle que les jeunes gens compris dans le contingent de la classe de 1855 auront à payer pour obtenir l'exonération du service militaire est fixé à la somme de deux mille huit cents francs.

Paris, le 21 décembre 1855.

VAILLANT.

Par le Ministre de la guerre :

Le Conseiller d'État
Directeur de la Comptabilité générale,

Petitet.

MINISTÈRE

DE LA GUERRE.

BUREAU

DU RECRUTEMENT.

Arrêté portant fixation du taux de l'exonération du service, en 1856, pour les militaires sous les drapeaux.

CIRCULAIRE N. 442.

Paris, le 28 décembre 1855.

A MM. les Généraux commandant les divisions et les subdivisions territoriales et actives,
les Préfets des départements ;
les Intendants et les Sous-Intendants militaires ;
les Chefs de corps et les Conseils d'administration de toutes armes ;
les Colonels et les Commandants de gendarmerie ;
les Commandants des dépôts de recrutement et de réserve.

MESSIEURS,

La loi du 26 avril 1855, sur la dotation de l'armée, dispose que les militaires sous les drapeaux *peuvent être admis à l'exonération du service* au moyen du versement d'une prestation dont le taux est fixé, chaque année, par un arrêté du Ministre de la guerre, sur la proposition de la Commission supérieure de la dotation.

Le taux de cette prestation, en 1856, a été fixé, par arrêté en date de ce jour, dont ampliation est ci-jointe, à la somme de 500 francs pour chaque année de service restant à accomplir.

Le réglement d'administration publique, qui ne tardera pas à être promulgué pour assurer l'exécution de la loi, et les instructions dont il sera accompagné, feront prochainement connaître les conditions et les formalités exigées à l'effet d'être admis à l'exonération du service.

Dès à présent, toutefois, je crois devoir vous rappeler que la loi du 26 avril ne crée pas un droit absolu en faveur des militaires sous les drapeaux ; elle ne leur accorde qu'une faculté dont l'exercice est nécessairement subordonné aux circonstances, et soumis à l'appréciation de leurs chefs hiérarchiques.

Les autorités militaires et civiles porteront, par tous les moyens de publicité, à la connaissance des corps et des familles, l'arrêté ci-joint et les explications qui précèdent.

Recevez, Messieurs, l'assurance de ma considération la plus distinguée,

Le Maréchal de France,
Ministre secrétaire d'État de la guerre,

VAILLANT.

ARRÊTÉ

Du Ministre Secrétaire d'État de la guerre portant fixation de la prestation individuelle que les militaires sous les drapeaux auront à verser pour être admis, s'il y a lieu, à l'exonération du service, *pendant l'année* 1856.

Le Maréchal de France Ministre Secrétaire d'État de la guerre,

Vu l'article 8 de la loi du 26 avril 1855, sur la dotation de l'armée, ainsi conçu :

« Les militaires sous les drapeaux peuvent être admis à l'exonération du ser-
» vice par le versement d'une prestation dont le taux est fixé conformément aux
» dispositions des articles 5 et 6.

» L'exonération est prononcée, dans ce cas, par les conseils d'administration
» des corps, auxquels sont présentés les récépissés de versement. »

Vu la délibération prise par la Commission supérieure de la dotation, le 21 décembre 1855, en exécution des articles précités,

Arrête :

Le taux de la prestation individuelle que les militaires sous les drapeaux auront à verser pour être admis, s'il y a lieu, à l'exonération du service militaire, pendant l'année 1856, est fixée à la somme de cinq cents francs pour chaque année de service restant à accomplir.

Paris, le 28 décembre 1855.

VAILLANT.

Par le Ministre de la guerre :

Le Conseiller d'État
Directeur de la Comptabilité générale,

Petitet.

MINISTÈRE
DE LA GUERRE.

BUREAU
DU RECRUTEMENT.

Envoi d'un arrêté portant fixation à 2,300 fr. de la prime allouée aux rengagements et aux engagements volontaires après libération, contractés pendant l'année 1856.

CIRCULAIRE N. 443.

Paris, le 28 décembre 1855.

A MM. les Généraux commandant les divisions et les subdivisions territoriales et actives;
les Préfets des départements;
les Intendants et les Sous-Intendants militaires;
les Chefs de corps et les Conseils d'administration de toutes armes;
les Colonels et les Commandants de Gendarmerie;
les Commandants des dépôts de recrutement et de réserve.

MESSIEURS,

J'ai l'honneur de vous adresser ampliation de mon arrêté en date de ce jour, qui, en exécution de l'article 14 de la loi du 26 avril 1855, et sur la proposition conforme de la Commission supérieure de la dotation de l'armée, fixe à la somme de 2,300 francs le taux de la prime de rengagement, et à celle de 230 francs le taux de l'annuité de rengagement pendant l'année 1856.

Ces allocations sont les mêmes que celles qui avaient été déterminées pour l'année 1855.

Quant aux mesures d'exécution, je vous invite à vous conformer à mes circulaires précédentes, notamment à celles du 27 avril 1855, n° 417, du 14 juillet, n° 426, et du 2 août suivant, n° 428.

Le réglement d'administration publique dont la promulgation est prochaine, et les instructions y faisant suite, compléteront celles que vous avez déjà reçues.

Les généraux commandant les divisions territoriales et actives et les préfets prendront immédiatement des mesures semblables à celles qui leur ont été antérieurement prescrites pour donner à l'arrêté de ce jour et aux explications qu'ils devront y joindre la plus grande publicité possible : les généraux, par des affiches dans les casernes et par la voie d'un ordre général qui sera lu aux troupes une fois par mois; les préfets, par des placards affichés dans toutes les communes des départements.

Recevez, Messieurs, l'assurance de ma considération la plus distinguée,

Le Maréchal de France,
Ministre secrétaire d'État de la guerre,

VAILLANT.

ARRÊTÉ

Du Ministre Secrétaire d'État de la guerre portant fixation des allocations attribuées aux rengagements *et aux* engagements volontaires *après libération du service, qui seront contractés pendant l'année* 1856.

Le Maréchal de France, Ministre Secrétaire d'État de la guerre,

Vu l'article 14 de la loi du 26 avril 1855, sur la dotation de l'armée, ainsi conçu :

« Sur la proposition de la Commission supérieure, un arrêté du Ministre de » la guerre peut augmenter les allocations fixées par l'article 12, autres que a » haute paye. »

Vu la délibération prise par la Commission supérieure de la dotation, le 21 décembre 1855, en exécution de l'article précité;

Arrête :

ARTICLE PREMIER.

Les rengagements de sept ans qui seront contractés pendant l'année 1856 donneront droit :

1° A une somme de 2,300 francs, dont 700 francs payables le jour du rengagement ou de l'incorporation; 300 francs, soit au jour du rengagement ou de incorporation, soit pendant le cours du service, sur l'avis du conseil d'administration du corps, et 1,300 francs à la libération définitive du service;

2° A la haute paye de rengagement de 10 centimes par jour.

Tout rengagement contracté pour moins de sept ans donnera droit, jusqu'à uatorze ans de service :

1° A une somme de 230 francs par chaque année de rengagement, dont 00 francs payables le jour du rengagement ou de l'incorporation; 30 francs, soit la même époque, soit pendant le cours du service, sur l'avis du conseil d'administration du corps, et 100 francs à la libération définitive;

2° A la haute paye de rengagement de 10 centimes par jour.

Après quatorze ans de service, le rengagé n'aura droit qu'à la haute paye journalière de rengagement de 20 centimes.

ART. 2.

Les engagements volontaires après libération, contractés en 1856 par des militaires libérés du service depuis moins d'une année, donneront également droit aux avantages spécifiés à l'article précédent.

Paris, le 28 décembre 1855.

VAILLANT.

Par le Ministre de la guerre :

Le Conseiller d'État
Directeur de la Comptabilité générale,

PETITET.

INSTRUCTION MINISTÉRIELLE

ET

RÉGLEMENT D'ADMINISTRATION PUBLIQUE.

MINISTÈRE

DE LA GUERRE.

BUREAU

DU RECRUTEMENT.

Envoi du décret portant règlement d'administration publique pour l'exécution de la loi du 26 avril 1855.
Instructions complémentaires.

CIRCULAIRE N. 447.

Paris, 26 janvier 1856.

A MM. les Généraux commandant les divisions et les subdivisions territoriales et actives,
les Préfets et les Sous-Préfets;
les Intendants et les Sous-Intendants militaires, les Chefs de corps et les Conseils d'administration de toutes armes;
les Colonels et les Commandants de gendarmerie;
les Commandants des dépôts de recrutement et de réserve;

MESSIEURS,

Le 9 de ce mois, l'Empereur a approuvé, sur ma proposition, le *réglement d'administration publique* pour l'exécution de la loi du 26 avril 1855, relative à la création d'une *dotation de l'armée,* au *rengagement,* au *remplacement* et aux *pensions militaires.*

Ce réglement, que j'ai l'honneur de vous adresser ci-joint, embrasse dans son ensemble toutes les prescriptions fondamentales et de principe.

Les dispositions d'un ordre secondaire, qui déjà ont fait l'objet d'instructions provisoires émanées de mon département, ont paru, de l'avis du Conseil d'Etat, rentrer plus particulièrement dans le domaine de la réglementation ministérielle. A cet effet, et comme les mesures précédemment prescrites n'étaient d'ailleurs exécutoires que jusqu'à la promulgation du réglement d'administration publique, je reproduis ici, en les complétant, toutes celles qui doivent être maintenues, de manière que, réunis, la loi du 26 avril 1855, le décret du 9 janvier 1856 et les présentes instructions puissent dès aujourd'hui servir en quelque sorte de code sur la matière.

Pour plus de précision et de clarté, ces dernières dispositions sont classées dans l'ordre même et sous les titres adoptés par le réglement d'administration publique.

PAYEMENT DES ALLOCATIONS ET DES HAUTES PAYES ATTRIBUÉES AUX RENGAGEMENTS ET AUX ENGAGEMENTS VOLONTAIRES APRÈS LIBÉRATION.

1
Articles 26, 27 et 29 du réglement d'administration publique.

Le réglement d'administration publique s'est approprié la plupart des dispositions contenues sous ce titre dans ma circulaire du 27 avril 1855, n° 417 ; mais les cinq modèles qui accompagnaient celle-ci n'ayant pas dû être compris dans le réglement, leur place naturelle se trouve à la suite de la présente circulaire (modèles A, B, C, D, E, pages 185, 186, 187, 188 et 189). Un seul, le modèle A, a reçu des modifications dont l'expérience a fait reconnaître la nécessité.

2
Article 26 du réglement.

La portion de la prime de rengagement payable comptant doit être soldée au moment où le rengagement est contracté, que les militaires aient terminé ou non leur temps de service.

3
Article 28 du réglement.

Les portions d'annuités payables comptant, d'après les arrêtés ministériels de fixation, sont payées de la même manière que les portions de prime attribuées au premier rengagement de sept ans.

4
Article 27 du réglement.

Les hautes payes de rengagement de 10 et de 20 centimes appartiennent aux militaires en toute position de présence et d'absence légale. Elles ne commencent et ne sont touchées qu'à l'expiration du temps pour lequel les militaires servaient précédemment.

5
Articles 16 et 17 de la loi du 26 avril 1855.
Article 28 du réglement.

Les portions de prime de rengagement ou d'engagement, et les portions d'annuités payées par anticipation ne sont pas sujettes à répétition, lorsque, dans les cas prévus par les articles 16 et 17 de la loi du 26 avril 1855, leur quotité excède la part proportionnelle à la durée du service accompli par le militaire dont la position vient à se modifier avant l'expiration de son rengagement ou de son engagement. Les sommes ainsi payées par anticipation demeurent acquises, dans tous les cas, aux militaires qui les ont reçues.

6
Articles 16 et 17 de la loi.
Article 28 du réglement.

Lorsque, au contraire, la part proportionnelle est plus élevée que le montant des avances que les militaires ont déjà perçues, la différence est liquidée à leur profit.

7
Articles 16 et 17 de la loi.
Article 28 du réglement.

Le décompte de la part proportionnelle est établi par jour, en prenant pour base la totalité de la prime ou des annuités.

8
Articles 16 et 17 de la loi.
Article 28 du réglement.

Les mêmes dispositions sont applicables aux sous-officiers rengagés qui sont nommés à l'un des emplois civils qui leur sont dévolus par les lois et les réglements.

9
Article 17 de la loi.

Lorsque des militaires passent d'un corps dans un autre, un bulletin constatant leur situation sous le double rapport du recrutement et des allocations qu'ils ont touchées, ainsi que de celles qu'ils auront à percevoir ultérieurement, est adressé au conseil d'administration du corps sur lequel ils sont dirigés, conformément à la règle générale prescrite par l'ordonnance du 10 mai 1844, sur l'administration intérieure des corps de troupe.

10
Article 17 de la loi.

Les allocations auxquelles ils peuvent avoir droit, selon leur position, leur sont payées, par les soins du conseil d'administration du nouveau corps, suivant les formes et dans les proportions déterminées par le réglement d'administration publique.

11
Article 12 de la loi.

Les fractions d'année de service des militaires admis en vertu de la loi du 26 avril 1855, à contracter des rengagements ou des engagements volontaires après libération, doivent être décomptés suivant les règles observées par le département de la guerre pour la liquidation des pensions de retraite.

En conséquence, la fraction excédant une année n'est pas admise dans le décompte des services lorsqu'elle est de moins de quinze jours.

A partir de quinze jours et jusqu'à six mois et quatorze jours inclus, la fraction d'année est comptée pour six mois (1).

Enfin, la fraction est admise pour un an, lorsqu'elle est de six mois et quinze jours au moins (2).

(1) *Exemple :* En prenant comme base le prix de l'annuité fixée à 230 francs pour l'année 1856 :

Un militaire ayant accompli huit ans cinq mois et dix-sept jours de service, à l'époque où commence à courir un rengagement qu'il a contracté pour une durée de sept ans, a droit jusqu'à quatorze ans de service :

1° A la haute paye journalière de 10 centimes pendant cinq ans six mois et quatorze jours, soit.	202 fr.	15 c.
2° Pour cinq années entières, à cinq annuités de 230 francs dont 100 francs payables le jour du rengagement ou de l'incorporation ; 30 francs à la même époque ou pendant le cours du service, sur l'avis du conseil d'administration du corps, et 100 francs à la libération définitive, soit.	1,150	00
3° Pour six mois et quatorze jours comptés pour six mois, à la moitié d'une annuité de 230 francs, soit.	115	00
dont 50 francs payables le jour du rengagement ou de l'incorporation ; 15 francs à la même époque ou pendant le cours du service, sur l'avis du conseil d'administration du corps, et 50 francs à la libération du service ;		
Après quatorze ans de service, ce militaire reçoit seulement la haute paye de 20 centimes, soit pour une période d'un an cinq mois et dix-sept jours, 106 francs 80 centimes, ci	106	80
TOTAL.	1,573	95

(2) *Exemple :* En prenant comme base le prix de l'annuité fixée à 230 francs pour l'année 1856 :

Un militaire comptant onze ans cinq mois et quatorze jours de service, au moment où commence à courir un rengagement qu'il a contracté pour une durée de cinq ans, a droit jusqu'à quatorze ans de service :

12
Article 12 de la loi.

Dans la supputation des annuités attribuées aux rengagements et aux engagements après libération, chaque période admise pour six mois donne droit à la moitié d'une annuité.

13
Article 29 du règlement.

Lorsqu'il y a nécessité, les avances effectuées par les corps, pour le compte de la dotation de l'armée, sont remboursées tous les dix jours par la Caisse des dépôts et consignations, à la charge par les corps de prévenir dix jours à l'avance les préposés de cette caisse qui doivent effectuer le remboursement.

Dans le cas où le remboursement des avances faites par les corps éprouverait des difficultés, il en serait rendu compte au Ministre de la guerre par les soins de l'intendance militaire, qui aurait à lui adresser (*Bureau du recrutement*) le bordereau récapitulatif et les pièces à l'appui, afin que le remboursement pût être concerté avec la Caisse des dépôts et consignations.

14
Article 30 du règlement.

Le registre-journal prescrit par l'article 30 du règlement, n'est, au point de vue de l'administration générale du corps, qu'un livre auxiliaire au moyen duquel on doit pouvoir se rendre compte, à tout instant, des opérations intéressant spécialement la Caisse de la dotation.

Il ne dispense pas d'inscrire *sommairement* au registre-journal du corps les sommes payées ou encaissées pour le service de la dotation, et par suite,

1° A la haute paye journalière de 10 centimes, soit pour deux ans six mois et seize jours.	92 fr.	85 c.
2° Pour les deux ans six mois et seize jours, comptés pour trois années entières, à trois annuités de 230 francs payables dans les proportions et aux époques déterminées dans l'exemple précédent (page 114), soit.	690	00
Après quatorze ans de service, ce militaire reçoit seulement la haute paye journalière de 20 centimes pendant deux ans cinq mois et quatorze jours, soit.	179	20
Total.	962	05

de les porter au registre de centralisation, qui, aux termes de l'article 126 de l'ordonnance du 10 mai 1844, doit présenter *toutes les recettes et toutes les dépenses* faites au titre des corps. En conséquence, deux colonnes de ce dernier registre doivent être affectées aux comptes à ouvrir pour le service de la dotation de l'armée.

EXONÉRATION DES JEUNES GENS COMPRIS DANS LE CONTINGENT.

15
Article 38 du réglement.

Au moment du tirage, les sous-préfets, outre les questions habituelles qu'ils sont chargés d'adresser aux jeunes gens appelés à y concourir, demandent à ceux qui n'ont pas à faire valoir de causes légales d'exemption, s'ils sont ou non dans l'intention de s'exonérer du service, au moyen du versement de la prestation individuelle.

Il est pris note de la réponse en regard de chaque nom, et l'état dressé par canton des jeunes gens inscrits sur la liste de tirage indique le chiffre de ceux qui sont disposés à réclamer l'exonération (*Modèle* F, *page* 190).

16
Article 38 du réglement.

En même temps que le préfet délivre le certificat d'inscription dans le contingent, prescrit par l'article 38 du réglement, mention est faite, en regard de chaque nom, sur la liste du contingent cantonal, de l'intention annoncée par les jeunes gens, de réclamer le bénéfice de l'exonération.

17
Article 7 de la loi.
Articles 39 et 40 du réglement.

Les récépissés constatant les versements faits avant l'appel, ou la déclaration délivrée en exécution de l'article 39 du réglement d'administration publique, et le certificat de non-opposition spécifié par l'article 40, restent déposés dans les archives du conseil de révision.

18
Article 7 de la loi.
Articles 39 et 40 du réglement.

Les jeunes gens compris conditionnellement dans le contingent, ou qui auront obtenu des délais, con formément aux articles 26 et 27 de la loi du 21 mars 1832, seront admis à profiter du bénéfice de l'exonération jusqu'au dixième jour qui suivra la décision définitive dont ils auront été l'objet de la part du conseil de révision.

EXONÉRATION DES MILITAIRES SOUS LES DRAPEAUX.

19
Article 8 de la loi.
Article 43 du réglement.

Pour les militaires sous les drapeaux, la demande d'exonération, visée par l'officier commandant la compagnie, l'escadron ou la batterie, et par le chef du corps, est soumise au général commandant la brigade ou la subdivision, qui inscrit son autorisation ou son refus sur ladite demande (*Modèle* G, *page* 191).

20
Article 8 de la loi.
Article 43 du réglement.

Il est statué, suivant le même mode, sur les demandes qui seraient formées par des militaires dans la réserve ou en congé, sans que ceux-ci soient obligés de se rendre à leur corps.

21
Article 8 de la loi.
Article 43 du réglement.

Les récépissés de versement, produits conformément aux prescriptions de l'article 43 du réglement d'administration publique, restent annexés à l'acte spécial d'exonération.

22
Article 8 de la loi.
Article 43 du réglement.

Pour le payement du prix de l'exonération, toute fraction d'année de service à accomplir est comptée comme une année entière.

23
Article 8 de la loi.
Article 43 du réglement.

Dans le prix de l'exonération fixé en vertu de l'article 8 de la loi du 26 avril 1855, sont comprises les indemnités d'habillement et de petit équipement précédemment exigées des militaires admis à se faire remplacer au corps.

24
Article 8 de la loi.
Article 43 du réglement.

Les dispensés appelés à l'activité comme ayant perdu leur droit à la dispense, ne peuvent, s'ils le demandent, être exonérés qu'au corps dans lequel ils ont été primitivement immatriculés, ou, pour éviter des déplacements onéreux, dans l'un de ceux qui se trouvent le plus rapprochés de leur résidence.

25
Article 8 de la loi.
Article 44 du réglement.

Le prix d'exonération que ces dispensés ont à payer est le même que celui qui est fixé pour les militaires sous les drapeaux, pendant l'année où a cessé le droit à la dispense.

26
Article 8 de la loi.

Les conseils d'administration ne doivent pas perdre de vue que la loi du 26 avril 1855 ne crée pas, comme pour les jeunes gens de chaque classe au moment où ils sont compris dans le contingent, un droit absolu à l'exonération en faveur des militaires sous les drapeaux ; elle ne leur accorde qu'une faculté, dont l'exercice est nécessairement subordonné aux circonstances, et soumis à l'appréciation de leurs chefs hiérarchiques. De là, l'impérieuse obligation, pour les militaires, d'appuyer sur des motifs graves et sérieux les demandes d'exonération du service, et pour les conseils d'administration des corps, de ne les admettre que dans les limites commandées par une sage réserve.

DES RENGAGEMENTS.

27
Article 11 de la loi.

La loi du 21 mars 1832, sur le recrutement de l'armée, permettait des rengagements de deux à cinq ans ; la loi du 26 avril 1855 n'admet plus que des rengagements de trois ans au moins et de sept ans au plus.

28
Article 11 de la loi.

Toutefois, la durée des rengagements doit être réglée de manière que les militaires ne soient pas maintenus sous les drapeaux après l'âge de 47 ans.

29
Article 11 de la loi.
Articles 45 et 49 du réglement.

Les engagés volontaires qui, dans leur quatrième et dernière année de service, sont admis à contracter des rengagements de trois à sept ans, ont droit à la prime, comme les militaires qui se sont rengagés dans leur septième année de service ; mais la haute paye journalière de 10 centimes ne leur est due qu'après l'expiration des sept années de service exigées par la loi du 21 mars 1832.

30
Article 21 de la loi.

Les militaires qui, quels que soient leur âge et la durée de leurs services, n'avaient pas encore achevé le temps de leur dernier rengagement au moment de la promulgation de la loi, sont tenus de l'accomplir entièrement, à moins que, dans l'intérêt du service, ils ne soient admis d'office à faire valoir leurs droits à la pension de retraite.

31
Article 12 de la loi.

Les quatorze ans de service après lesquels les rengagés n'ont plus droit qu'à une haute paye journalière de 20 centimes, commencent à courir du jour où les militaires ont été liés au service pour la première fois, c'est-à-dire pour les appelés, du premier jour de l'année pendant laquelle ils ont été inscrits sur les matricules des corps dans les dépôts de recrutement.

32
Article 11 de la loi.
Article 45 du réglement.

Dans chaque corps ou portion de corps, il est dressé un état nominatif des militaires qui contractent des rengagements sous les conditions prescrites par la loi du 26 avril 1855 (*Modèle* II, *page* 192). Un double de cet état est adressé directement, et sans lettre d'envoi, au Ministre de la guerre (*Bureau du recrutement*), le 1er de chaque mois.

DES ENGAGEMENTS VOLONTAIRES APRÈS LIBÉRATION, AUTORISÉS PAR L'ARTICLE 13 DE LA LOI DU 26 AVRIL 1855.

33
Article 13 de la loi.
Article 52 du réglement.

En principe, les engagements volontaires après libération, comme les autres engagements, ne peuvent être contractés pour moins de sept ans, si un décret spécial ne les a autorisés, par exception, pour une durée plus restreinte (1).

34
Article 13 de la loi.
Article 56 du règlement.

Le maire de la commune chef-lieu de canton adresse directement au sous-intendant militaire, chargé du recrutement dans le département où l'engagement a eu lieu, une ampliation de l'acte d'engagement après libération, comme il est tenu de le faire pour les engagements contractés en vertu de la loi du 21 mars 1832.

35
Article 13 de la loi.
Article 56 du règlement.

Le 1er de chaque mois, le sous-intendant militaire transmet directement, et sans lettre d'envoi, au Ministre de la guerre (*Bureau du recrutement*), un état nominatif des engagements volontaires après libération contractés pendant le mois précédent (*Modèle* I, *page* 193).

ENGAGEMENTS VOLONTAIRES AUTORISÉS PAR LA LOI DU 21 MARS 1832.

36
Article 12 de la loi.

La loi du 26 avril 1855 assure des avantages exceptionnels aux anciens militaires qui contractent des engagements volontaires après libération, dans les formes et sous les conditions qu'elle détermine; mais les engagements volontaires contractés conformément aux prescriptions des articles 32, 33 et 34 de la loi du 21 mars 1832 n'en sont pas moins maintenus, et forment une seconde catégorie d'engagements volontaires, dans laquelle figurent :

Les hommes qui, n'ayant pas encore servi, demandent à contracter un premier engagement;

Les anciens militaires libérés du service depuis plus d'une année;

Les anciens militaires qui ne produisent pas tou-

(1) Le décret du 1er mai 1854 est le seul qui autorise des engagements après libération d'une durée exceptionnelle (trois ans), et uniquement pour la garde impériale.

tes les justifications exigées par l'article 46 du réglement;

Les anciens militaires admis à contracter des engagements volontaires dans les compagnies de vétérans, en conformité des dispositions de l'article 401 de l'ordonnance du 16 mars 1838.

Les hommes qui se trouvent dans ces différentes positions peuvent donc, comme par le passé, contracter des engagements volontaires ; mais ces engagements doivent être reçus dans les formes prescrites par l'ordonnance du 15 janvier 1837 (*Modèle n° 1* annexé à cette ordonnance) et, dans aucun cas, ils ne donnent droit aux allocations prévues par l'article 12 de la loi du 26 avril 1855.

REMPLACEMENTS PAR VOIE ADMINISTRATIVE.

37 Article 15 de la loi. Article 57 du réglement.

Les remplacements par voie administrative sont soumis aux dispositions générales de la loi du 21 mars 1832, et à celles du réglement d'administration publique du 9 janvier 1856.

38 Article 50 du réglement.

Le relevé numérique que le sous-intendant militaire adresse au Ministre de la guerre, en exécution de l'article 59 du réglement, est conforme au *Modèle* J, *page* 194.

39 Article 63 du réglement.

Afin que la convocation des hommes inscrits pour remplacer soit faite d'une manière uniforme, les lettres individuelles sont établies suivant le *Modèle* K, *page* 195.

40 Article 68 du réglement.

La liste nominative des remplaçants admis est dressée conformément au *Modèle* L, *page* 196. Le commandant du dépôt de recrutement en remet, chaque mois, une copie certifiée par lui au sous-intendant militaire, qui y appose son visa, et la fait parvenir au Ministre de la guerre, avec l'état numérique dont l'envoi est prescrit par le réglement (*Modèle* M, *page* 197).

41
Article 15 de la loi.
Article 66 du réglement.

Les remplaçants, avant d'être dirigés sur les corps auxquels, selon leur aptitude et les répartitions ministérielles, ils auront été affectés par l'autorité militaire, sont immatriculés (par arme seulement), ainsi que cela a lieu pour les jeunes soldats (art. 29 de la loi du 21 mars 1832). Cette immatriculation est effectuée par les soins du commandant du dépôt de recrutement, qui reçoit à cet effet du sous-intendant militaire une expédition de l'acte de remplacement, ainsi que les autres renseignements nécessaires.

42
Article 15 de la loi.
Article 66 du réglement.

Les remplaçants qui, hors le cas de force majeure, ne sont pas arrivés à leur corps au jour fixé par l'ordre de route sont poursuivis comme insoumis, conformément à la législation en vigueur.

43
Articles 15 et 17 de la loi.

Les dispositions relatives aux militaires passant d'un corps dans un autre (*n°* 9, *page* 113) sont apcables aux remplaçants qui changent de corps.

44
Article 15 de la loi.

Pour prévenir des hésitations et plus tard des mécomptes, il importe que les militaires sachent bien, au moment de leur libération, qu'à moins de circonstances extraordinaires, que la Commission supérieure de la dotation de l'armée aurait à apprécier, le prix du remplacement par voie administrative sera fixé de manière que la rémunération attribuée, pour la même année, aux rengagements lui soit toujours supérieure.

REMPLACEMENTS ENTRE PARENTS JUSQU'AU QUATRIÈME DEGRÉ.

45
Article 10 de la loi.
Articles 69 et 70 du réglement.

Les remplacements entre parents jusqu'au quatrième degré ne peuvent plus avoir lieu devant les conseils de révision des départements auxquels les jeunes gens compris dans le contingent appartiennent, après la mise en route de ces jeunes gens.

Le certificat des trois pères de famille spécifié dans le *bordereau n° 15* annexé au réglement d'administration publique sera conforme au *Modèle* N, *page* 198.

DES PENSIONS.

46
Articles 19 et 21 de la loi.
Article 73 du réglement.

Les militaires qui, pour une cause quelconque, seraient dans le cas d'être mis à la retraite, avant d'avoir terminé la durée de leur rengagement, ne peuvent être proposés que d'office pour la pension. Le motif en sera toujours indiqué dans le mémoire de proposition.

47
Article 19 de la loi.
Article 73 du réglement.

Les conseils d'administration doivent désormais préparer à l'avance les propositions de pension à établir en faveur des militaires libérables, de manière que la demande de pension soit formée, et que les pièces justificatives soient réunies avant que le militaire atteigne le terme de son dernier rengagement.

48
Article 19 de la loi.
Article 73 du réglement.

Dès que ce rengagement sera expiré, la proposition approuvée sera transmise par le général divisionnaire, qui sera investi, à cet effet, des pouvoirs dévolus aux inspecteurs généraux.

49
Article 19 de la loi.
Article 73 du réglement.

Dans le cas où ces formalités n'auraient pu être remplies à l'avance, les militaires qui ont acquis des droits à la retraite seront, à l'époque de leur libération, maintenus à leur corps jusqu'à ce que leur pension ait été décrétée, à moins qu'ils ne demandent à rentrer immédiatement dans leurs foyers.

50
Article 19 de la loi.

Tout droit à pension basé sur des faits de blessures ou d'infirmités graves, survenus en campagne, sera instruit d'urgence. Le général divisionnaire exercera aussi dans cette circonstance les attributions d'inspecteur général.

51
Article 19 de la loi.

Lorsqu'un militaire, susceptible d'être libéré, sera également dans le cas de recevoir un *congé de réforme n° 1*, il sera de préférence réformé avec ce titre, et désigné, si son état d'incapacité est le résultat de blessures ou d'infirmités contractées au service, pour une gratification une fois payée. Ces cas de réforme rentreront, au besoin, dans les attributions des généraux divisionnaires, qui statueront au lieu et place des généraux inspecteurs.

52
Article 22 de la loi.

Les instructions provisoires adressées aux autorités militaires et civiles depuis la promulgation de la loi du 26 avril 1855, sont et demeurent abrogées; mais tous les actes qui en ont été la conséquence continueront à produire leur effet.

En résumé, les développements donnés par les instructions qui précèdent aux règles posées dans la loi du 26 avril 1855, et dans le réglement du 9 janvier 1856, contribueront, je l'espère, à rendre l'application de l'une et de l'autre plus facile aux fonctionnaires de tout ordre appelés à les mettre en pratique.

L'administration, au surplus, ne cessera pas de prendre les mesures nécessaires pour assurer le succès de la loi par toutes les simplifications possibles, et pour éclairer d'une manière complète la population civile et les militaires sur les avantages qu'elle leur offre. Les résultats satisfaisants déjà obtenus par son exécution partielle permettent d'en attendre d'autres non moins satisfaisants de son exécution pleine et entière. Le gouvernement de l'Empereur compte, à cet effet, sur le concours actif et éclairé des autorités civiles et militaires, et j'ai la confiance qu'elles s'empresseront de seconder efficacement ses vues dans l'intérêt commun des familles et de l'armée.

Recevez, Messieurs, l'assurance de ma considération la plus distinguée,

Le Maréchal de France,
Ministre secrétaire d'État de la guerre,

VAILLANT.

DÉCRET

Portant réglement d'administration publique pour l'exécution de la loi du 26 avril 1855, relative à la création d'une dotation de l'armée, *au* rengagement, *au* remplacement *et aux* pensions militaires.

NAPOLÉON, par la grâce de Dieu et la volonté nationale, EMPEREUR DES FRANÇAIS,

A tous présents et à venir, SALUT.

Vu la loi du 11 avril 1831, sur les pensions de l'armée de terre, et l'article 23 de la loi du 18 avril 1831, sur les pensions de l'armée de mer;

Vu la loi du 21 mars 1832, sur le recrutement de l'armée;

Vu la loi du 26 avril 1855, et notamment l'article 22 de cette loi, aux termes duquel un réglement d'administration publique doit prescrire les mesures nécessaires à son exécution;

Sur le rapport de notre Ministre secrétaire d'État de la guerre, et sur l'avis de nos Ministres secrétaires d'État de la marine et des finances;

Notre Conseil d'État entendu,

AVONS DÉCRÉTÉ et DÉCRÉTONS ce qui suit:

TITRE PREMIER.

De la Commission supérieure de la Dotation de l'armée.

ARTICLE PREMIER.

La Commission supérieure de la dotation de l'armée, instituée par la loi du 26 avril 1855, surveille et contrôle toutes les opérations relatives à cette dotation.

Elle donne son avis sur les budgets et les comptes partiels ou généraux de la dotation, et peut être consultée sur les questions qui se rattachent à l'exécution de la loi du 26 avril 1855.

ART. 2.

Chaque année, la Commission supérieure soumet au Ministre de la guerre des propositions ayant pour objet de fixer :

1° Le taux de la prestation individuelle que les jeunes gens compris dans le contingent annuel ont à verser à la Caisse de la dotation de l'armée pour obtenir l'exonération du service militaire ;

2° Le taux de la prestation au moyen de laquelle les militaires sous les drapeaux peuvent, dans les conditions indiquées par le présent réglement, être admis à l'exonération du service militaire ;

3° L'augmentation, s'il y a lieu, des allocations attribuées aux rengagements et aux engagements volontaires après libération, autres que les hautes payes ;

4° Éventuellement, et pour le cas d'insuffisance du nombre des rengagements et des engagements volontaires après libération, comparé à celui des exonérations, le prix et le mode de payement des remplacements à effectuer, par voie administrative, à la charge de la dotation de l'armée.

ART. 3.

Le président et le vice-président de la Commission supérieure sont nommés par l'Empereur.

ART. 4.

La Commission ne peut délibérer si huit membres, au moins, ne sont présents.

Les délibérations sont prises à la majorité absolue des voix. En cas de partage, la voix du président est prépondérante.

Le procès-verbal de chaque séance est transcrit sur un registre spécial.

ART. 5.

Les arrêtés du Ministre de la guerre, rendus en exécution des articles 6, 8, 14 et 15 de la loi du 26 avril 1855, sont publiés par les voies administratives ordinaires.

TITRE II.

De la Caisse de la Dotation de l'armée.

CHAPITRE Ier

MODE D'ADMINISTRATION

ART. 6.

L'administration de la Caisse des dépôts et consignations, chargée par l'article 1er de la loi du 26 avril 1855 de gérer la Caisse de la dotation de l'armée, à titre de service spécial, établit distinctement les écritures, les recettes, les dépenses, les budgets et les comptes relatifs à cette caisse.

Elle observe, pour cette gestion spéciale, les règles générales qui la régissent, en se conformant d'ailleurs, aux dispositions du présent décret.

ART. 7.

L'administration de la Caisse des dépôts et consignations établit séparément et transmet, chaque année, au Ministre de la guerre, le mouvement des versements volontaires effectués par les militaires de tous grades, en vertu du paragraphe 4 de l'article 1er de la loi du 26 avril 1855.

ART. 8.

Elle adresse, tous les trois mois, au ministère de la guerre, un état de situation sommaire de la Caisse de la dotation.

Le Ministre transmet cet état à la Commission supérieure, et, par un arrêté pris sur l'avis de cette commission, il fixe la somme susceptible d'être employée en rentes sur l'État, conformément à l'article 3 de la loi du 26 avril 1855, ou, s'il y a lieu, la quotité de rentes de la dotation qu'il est nécessaire de vendre pour pourvoir aux dépenses du service.

Ces achats et ces ventes ont lieu dans le cours du trimestre qui suit l'arrêté pris par le Ministre, à la diligence du directeur-général de la Caisse des dépôts et consignations, aux époques et dans le fonds déterminés par le Ministre des finances.

ART. 9.

La Caisse des dépôts et consignations tient compte à la Caisse de la dotation de l'armée de l'intérêt de ses fonds disponibles non employés en achats de rentes, au taux et aux conditions fixés pour les dépôts des établissements publics.

ART. 10.

Sont à la charge de la dotation de l'armée;

Les frais d'administration et de bureaux de la Commission supérieure;

Les dépenses occasionnées à la Caisse des dépôts et consignations par la gestion de ce service spécial, y compris les taxations allouées aux préposés de cette caisse pour les recettes et les payements effectués par eux au compte de la dotation de l'armée.

ART. 11.

Chaque année, le Ministre des finances détermine, sur les propositions de la commission de surveillance de la Caisse des dépôts et consignations, et sur l'avis de la Commission supérieure de la dotation de l'armée:

1° Le montant de la partie des dépenses administratives qu'il y a lieu de mettre à la charge de la dotation de l'armée, conformément à l'article précédent;

2° Le tarif des taxations à allouer aux préposés de la Caisse des dépôts et consignations, pour les opérations relatives au service de la Caisse de la dotation.

CHAPITRE II.

RECETTES DE LA CAISSE DE LA DOTATION.

§ Ier.

Des recettes.

ART. 12.

Les recettes de la Caisse de la dotation se composent:

1° Des versements faits par les jeunes appelés compris dans le contingent annuel, pour obtenir l'exonération du service militaire;

2° Des versements faits dans le même but par les militaires sous les drapeaux;

3° Des dons et legs faits à la dotation de l'armée;

4° Des arrérages de rentes inscrites au nom de la Caisse de la dotation de l'armée;

5° Des produits, s'il y a lieu, des ventes de rentes appartenant à la Caisse de la dotation;

6° Des versements volontaires faits à titre de dépôt par les militaires de tous grades, dans le cours de leur service;

7° Des versements faits par les jeunes gens, ou en leur nom, avant l'appel de leur classe, et applicables à leur exonération ultérieure du service, s'il y a lieu;

8° Des versements à titres divers.

§ 2.

Versements faits par des jeunes gens compris dans le contingent annuel.

ART. 13.

Les versements pour exonération du service sont faits, dans le département où les jeunes gens doivent satisfaire à la loi du recrutement, soit par les intéressés eux-mêmes, soit, pour leur compte, par des tiers.

Ils sont opérés:

Dans le département de la Seine, à la direction générale de la Caisse des dépôts et consignations;

Dans les autres départements, chez les préposés de cette caisse (receveurs-généraux et particuliers des finances);

Sur la production du certificat délivré par le préfet du département dans lequel se fait le tirage, en conformité de l'article 38 du présent réglement.

ART. 14.

Ces versements donnent lieu, de la part des préposés de la Caisse des dépôts et consignations, à la délivrance de récépissés qui forment titre envers l'État, à la charge par les parties versantes de les soumettre, dans le département de la Seine, immédiatement, au visa du contrôle placé près la Caisse des dépôts et consignations, et dans les autres départements, dans les vingt-quatre heures de leur date, au visa du préfet ou du sous-préfet.

§ 3.

Versements faits par des militaires sous les drapeaux pour être exonérés du service militaire.

ART. 15.

Les versements par les militaires sous les drapeaux, pour être admis à l'exonération du service, sont faits soit par eux-mêmes, soit par des tiers pour leur compte, dans le département de la Seine, à la direction générale de la Caisse des dépôts et consignations ; dans les autres départements, chez les préposés de cette caisse (receveurs généraux et particuliers des finances), et en Algérie, aux trésoriers payeurs, sur la production d'une demande approuvée par le général de brigade.

Les récépissés de ces versements font titre vis-à-vis de l'État, lorsqu'ils ont été soumis au contrôle dans les délais prescrits par l'article 14 du présent réglement.

Ces versements peuvent encore être effectués, hors du territoire français, chez les payeurs des armées, institués par le présent réglement, et, pour son exécution, préposés de la Caisse des dépôts et consignations, sur la production de la demande ci-dessus énoncée, et sont reçus par ces comptables pour le compte de ladite caisse.

Dans ce dernier cas, les récépissés sont visés, dans les vingt-quatre heures, par le membre de l'intendance chargé de la police administrative du corps.

§ 4.

Versements volontaires.

ART. 16.

Les versements volontaires faits à titre de dépôt, conformément à l'article 1er de la loi du 26 avril 1855, par les militaires de tous grades dans le cours de leur service, ou par des tiers en leur nom, doivent être de 10 francs au moins et sans fraction de franc.

Ils ne peuvent être reçus, en France et en Algérie, que par les préposés de la Caisse des dépôts et consignations.

Ils peuvent encore être effectués, hors du territoire français, chez les payeurs des armées, qui les reçoivent pour le compte de la Caisse des dépôts et consignations.

Les versements donnent droit à un intérêt de 3 p. 0/0, qui est payé lors du retrait.

ART. 17.

Un livret établi par les soins de la Caisse des dépôts et consignations, et revêtu de son timbre, est délivré, au nom de la Caisse de la dotation, à chaque déposant militaire, au moment du premier versement.

Toutes les sommes versées ou retirées y sont successivement enregistrées par les préposés, et contrôlées dans les formes prescrites à l'article 15 ci-dessus.

Le livret porte un numéro d'ordre ; il énonce, pour chaque titulaire, ses nom, prénoms, surnom, la date de sa naissance, le numéro de son régiment, son grade.

Il contient, en outre, toutes les dispositions relatives à ces dépôts et au mode de retrait.

Le coût du livret est à la charge du déposant, et doit être payé au préposé de la Caisse des dépôts et consignations, lors du premier versement.

En cas de perte du livret, il est pourvu à son remplacement aux frais du titulaire et dans les formes prescrites pour le remplacement d'un titre de rente sur l'État.

ART. 18.

Les oppositions ou les cessions qui peuvent être faites sur les versements volontaires effectués par les militaires sous les drapeaux ne peuvent être signifiées qu'à Paris, à la direction générale de la Caisse des dépôts et consignations.

§ 5.

Versements faits avant l'appel.

ART. 19.

Les versements à la Caisse de la dotation, au nom des jeunes gens, avant l'appel de leur classe, pour être appliqués à leur exonération ultérieure du service militaire, ne sont admis qu'au profit de ceux qui sont âgés de quinze ans, et jusqu'au premier jour de l'année où doit avoir lieu l'appel de leur classe.

Ils ne peuvent être moindres de 100 francs, et supérieurs en totalité à 3,000 francs. Les fractions de franc sont interdites.

Ils doivent être effectués dans le département où l'intéressé est tenu de satisfaire aux obligations du recrutement, et dans les lieux ci-après, savoir: dans le département de la Seine, à la direction générale de la Caisse des dépôts et consignations, et dans les autres départements, chez les préposés de ladite caisse.

ART. 20.

Ces versements donnent lieu à la délivrance de récépissés qui forment titre envers l'État, après l'accomplissement des formalités prescrites par l'article 14 du présent réglement.

Ils donnent droit à un intérêt de 3 p. 0/0.

Ils ne peuvent être retirés avant l'appel de la classe que dans le cas du décès du titulaire.

ART. 21.

Tout déposant qui, soit par lui-même, soit par un intermédiaire, opère un premier versement, doit produire son acte de naissance, ou, à défaut, un acte de notoriété qui en tienne lieu, délivré dans les formes prescrites par l'article 71 du Code Napoléon.

Si le déposant qui verse en son nom est âgé de moins de dix-huit ans, il doit justifier que le versement par lui effectué a été autorisé par ses père, mère ou tuteur.

L'autorisation peut être donnée d'une manière générale pour tous les versements que le mineur effectuera; elle est toujours révocable.

Si le déposant n'a ni père, ni mère, ni tuteur, ou en cas d'empêchement de celui qui aurait qualité pour l'autoriser, il peut y être suppléé par le juge de paix.

ART. 22.

Lorsque le versement est effectué par un tiers, et de ses deniers, le tiers déposant doit faire indiquer, dans le récépissé qui lui est délivré, s'il entend stipuler en sa faveur le retour des sommes versées, dans le cas où il y aurait lieu à la restitution de tout ou partie de ces sommes.

ART. 23.

Les oppositions sur les dépôts effectués par des jeunes gens avant l'appel de leur classe, pour être exonérés du service militaire, ne peuvent être signifiées qu'à la direction générale de la Caisse des dépôts et consignations.

Aucune opposition n'est reçue par la caisse postérieurement à la date de l'ouverture des opérations des conseils de révision de cette classe.

CHAPITRE III.

DÉPENSES DE LA CAISSE DE LA DOTATION.

---

§ Ier.

Des dépenses.

ART. 24.

La Caisse de la dotation de l'armée pourvoit au payement :

1° Des allocations et hautes payes attribuées par la loi du 26 avril 1855 aux rengagés et aux engagés volontaires après libération, pour les corps qui se recrutent par la voie des appels ;

2° Du prix des remplacements effectués par voie administrative ;

3° Du surcroît de dépenses pour pensions des sous-officiers, caporaux, ou brigadiers et soldats des corps qui se recrutent par la voie des appels ;

4° A titre de remboursement des sommes versées volontairement, et, s'il y a lieu, de celles qui ont été versées avant l'appel en vue de l'exonération ultérieure ;

5° Des rentes achetées en son nom ;

6° Enfin, des dépenses diverses mentionnées dans l'article 10 du présent réglement.

ART. 25.

La nomenclature des corps qui se recrutent par la voie des appels, et auxquels sont applicables les dépenses des paragraphes 1° et 3° de l'article précédent, est déterminée par le tableau n° 1, annexé au présent réglement.

§ 2.

Paiement des allocations et des hautes payes attribuées aux rengagements et aux engagements volontaires après libération.

ART. 26.

La première portion de la prime de rengagement payable le jour du rengagement ou de l'incorporation, et la deuxième portion qui est payable, soit au jour du rengagement ou de l'incorporation, soit pendant le cours du service, sur l'avis du conseil d'administration du corps, duement approuvé par le général de brigade, sont payées, à titre d'avance, sur les fonds généraux de la caisse du corps, par les soins du trésorier ou de l'officier payeur. La feuille individuelle constatant le payement est signée pour quittance par le militaire, et, dans le cas où il ne saurait pas signer, par l' officier de section.

Les payements par anticipation aux engagés volontaires après libération sont effectués au moment de l'engagement, au chef-lieu du département, par le préposé de la Caisse des dépôts et consignations, sur le vu d'une expédition de l'acte d'engagement, qui lui a été adressée par le sous-intendant militaire, et qui constate la somme à laquelle a droit l'engagé (modèle n° 12).

Le préposé de la Caisse des dépôts et consignations inscrit le payement effectué sur l'expédition de l'acte d'engagement dont le militaire est porteur, et en avise le sous-intendant militaire.

ART. 27.

Les hautes payes de rengagement de 10 et de 20 centimes par jour, attribuées aux rengagés et aux engagés volontaires après libération, sont payées, à terme échu, sur les fonds généraux de la caisse des corps, à titre d'avance, aux mêmes jours que la haute paye de chevrons.

Les fonds nécessaires pour ce payement sont remis aux commandants des compagnies, escadrons ou batteries, sur des états spéciaux.

La dépense de la haute paye est justifiée au moyen d'une feuille numérique que le trésorier établit à la fin de chaque trimestre. Cette dernière pièce est appuyée de l'état nominatif des hommes qui ont éprouvé des mutations.

ART 28.

Les portions de prime et les annuités qui sont dues aux militaires, soit à la libération du service, soit dans les cas prévus par les articles 16 et 17 de la loi du 26 avril 1855, leur sont payées par les corps de troupe.

En cas de décès, la part de ces primes ou annuités, proportionnelle à la durée du service accompli, revenant aux héritiers ou ayant cause, leur est payée, dans le lieu de leur résidence, par les soins de la Caisse des dépôts et consignations, sur la justification de leurs droits. Les certificats de propriété à produire par ceux-ci doivent être délivrés dans les formes et suivant les règles prescrites par la loi du 28 floréal an VII.

Les conseils d'administration des corps font connaître à la direction générale de la Caisse des dépôts et consignations le montant de la somme revenant aux militaires ou à leurs héritiers.

Les sommes revenant, au jour de la condamnation, aux militaires condamnés à une peine qui les exclut des rangs de l'armée, sont payées à ceux qui ont pouvoir de recevoir pour eux, à l'époque où devait s'opérer la libération du service.

ART. 29.

Pour obtenir de la Caisse des dépôts et consignations le remboursement des avances pour primes, annuités et hautes payes, le conseil d'administration ou l'officier commandant de chaque corps établit un bordereau récapitulatif des dépenses faites pour le compte de la Caisse de la dotation de l'armée.

Ce bordereau, appuyé des feuilles individuelles, après avoir été vérifié et arrêté par le sous-intendant militaire, est présenté, dans le département de la Seine, à la Caisse des dépôts et consignations, et dans les autres départements, au préposé de cette caisse le plus voisin de la garnison, chargé d'en acquitter le montant.

ART. 30.

Les corps de troupe tiennent un registre-journal distinct des dépenses et des recettes effectuées par eux pour le compte de la dotation de l'armée.

Les remboursements qui leur sont faits par la Caisse des dépôts et consignations sont inscrits sur leur livret de solde, dans une section séparée, par les préposés de ladite caisse.

Les sommes payées aux militaires sont également inscrites, chaque trimestre, dans une section distincte, sur leur livret individuel, par les soins des commandants de compagnie, escadron ou batterie.

ART. 31.

Toutes les écritures auxquelles donne lieu le payement des primes, des annuités et des hautes payes dans l'intérieur des corps sont soumises au contrôle de l'intendance militaire.

§ 3.

Remboursement des versements volontaires.

ART. 32.

Les demandes de militaires en activité tendant à obtenir le remboursement des versements volontaires opérés par eux doivent être visées par le conseil d'administration des corps, et adressées au directeur général de la Caisse des dépôts et consignations, qui autorise ce remboursement et fait parvenir au déposant une lettre d'avis par la voie hiérarchique.

Le remboursement est effectué, soit par la Caisse des dépôts et consignations dans le département de la Seine, soit par les préposés de cette caisse dans les autres départements, entre les mains du conseil d'administration du corps, qui en tient compte au déposant, suivant les formes déterminées pour le payement des primes.

ART. 33.

Les remboursements demandés par des militaires faisant partie d'une armée hors du territoire de l'Empire français peuvent être effectués par les payeurs des armées, après que le directeur général de la Caisse des dépôts et consignations en a informé le Ministre des finances.

ART. 34.

Si le remboursement a lieu après la libération des militaires, il leur est fait soit à leur départ du corps, soit au lieu qu'ils ont désigné.

Dans ce dernier cas, ceux-ci adressent une demande, accompagnée de leur livret, au directeur général de la Caisse des dépôts et consignations, qui autorise le receveur des finances de l'arrondissement où se trouve le lieu indiqué à effectuer le payement.

ART. 35.

Dans le cas où le remboursement des versements volontaires est réclamé par des héritiers, ceux-ci adressent leur demande au directeur général de la Caisse des dépôts et consignations, en y joignant le livret du militaire et les pièces constatant leurs droits, suivant le mode établi par l'article 28 ci-dessus.

Le payement est ordonnancé, s'il y a lieu, au profit de ces héritiers, et effectué par le receveur des finances de l'arrondissement de leur résidence.

§ 4.

Remboursement des sommes versées avant l'appel.

ART. 36.

Les sommes versées par anticipation, soit par les jeunes gens, soit par des tiers en leur nom, en vue d'une exonération ultérieure, sont restituées aux ayant droit, à l'époque de l'appel, sur la déclaration constatant qu'ils renoncent à l'exonération du service (modèle n° 2).

Il en est de même,

1° De l'excédant des sommes versées, qui est remboursé après le tirage au sort, lorsque ces sommes se trouvent supérieures, en capital et intérêts, au taux fixé par l'arrêté du Ministre;

2° Des sommes versées par les jeunes gens non compris dans le contingent de leur classe, et qui justifient, par un certificat délivré par le préfet, qu'ils sont exemptés du service (modèle n° 3);

3° Des versements faits par des jeunes gens qui décèdent avant la formation du contingent de leur classe.

Ces divers remboursements sont effectués, capital et intérêts, par les préposés de la Caisse des dépôts et consignations, sur la demande des parties, adressée au directeur général de cette caisse avec les justifications nécessaires.

TITRE III.

De la forme des Demandes d'Exonération et des conditions de leur admission.

CHAPITRE Ier.

EXONÉRATION DES JEUNES GENS COMPRIS DANS LE CONTINGENT.

ART. 37.

Le taux de la prestation individuelle exigée pour obtenir l'exonération du service est fixé par un arrêté du Ministre de la guerre, qui est publié et affiché dans chaque commune avant le tirage de la classe appelée.

ART. 38.

Pendant les opérations de la formation du contingent cantonal, le préfet délivre successivement aux jeunes gens compris dans ce contingent, ou aux tiers qui en font la demande pour eux, un certificat qui indique leurs nom, prénoms, surnom, âge, lieu de naissance, domicile et profession, ainsi que leur position sous le rapport du recrutement (modèle n° 4).

ART. 39.

Les jeunes gens ou leurs représentants sont admis sur la présentation de ce certificat, à verser à la Caisse des dépôts et consignations dans le département de la Seine, ou entre les mains de ses préposés dans les autres départements, le montant de la prestation individuelle fixée pour l'année, ou, s'il y a lieu, le complément nécessaire pour porter au chiffre fixé le montant, en capital et intérêts, des versements faits avant l'appel.

Dans ce dernier cas, ils doivent demander à la Caisse des dépôts et consignations, par l'entremise des préposés de cette caisse, en échange des récépissés délivrés au titre de *versements faits avant l'appel,* une déclaration constatant le total résultant des versements opérés et des intérêts qu'ils ont produits.

ART. 40.

Dix jours après l'époque fixée pour la clôture des opérations du recrutement de la classe, le conseil de révision de chaque département se réunit au chef-lieu et prononce, sur le vu des récépissés de versements, les exonérations, qui ont été demandées.

Les récépissés des versements faits avant l'appel doivent être accompagnés d'un certificat de non-opposition délivré par la Caisse des dépôts et consignations, et affranchi du timbre.

Les décisions des conseils de révision sont définitives et irrévocables.

Elles sont inscrites, pour chaque classe, sur un registre spécial (modèle n° 5), et mentionnées sur la liste du contingent cantonal.

ART. 41.

Le préfet délivre aux jeunes gens un certificat constatant qu'ils ont été exonérés du service (modèle n° 6).

ART. 42.

Aussitôt qu'il a été statué sur toutes les demandes en exonération, les préfets adressent au Ministre de la guerre, chacun pour son département, un état numérique des exonérations effectuées, dont le chiffre est publié dans les comptes rendus annuels sur le recrutement (modèle n° 7).

CHAPITRE II.

EXONÉRATION DES MILITAIRES SOUS LES DRAPEAUX.

ART. 43.

Les militaires sous les drapeaux qui désirent obtenir l'exonération du service en font la demande par la voie hiérarchique.

Les récépissés des versements sont présentés par eux au conseil d'administration du corps, qui prononce les exonérations.

Ces exonérations sont inscrites sur les contrôles du corps et donnent lieu à un acte spécial (modèle n° 8).

ART. 44.

Le conseil d'administration du corps délivre aux militaires un certificat constatant qu'ils ont été exonérés du service (modèle 9).

A la fin de chaque trimestre, le corps adresse au Ministre de la guerre un relevé numérique des exonérations qui ont été autorisées et effectuées (modèle n° 10).

TITRE IV.

Des Rengagements et des Engagements volontaires après libération.

CHAPITRE Ier.

DES RENGAGEMENTS.

---

§ 1er.

Dispositions générales.

ART. 45.

Les rengagements sont contractés sous les conditions et dans les formes voulues par la loi du 21 mars 1832 sur le recrutement de l'armée, par l'ordonnance du 28 avril 1832 et par celle du 15 janvier 1837, sauf les modifications prescrites par la loi du 26 avril 1855, et conformément aux dispositions ci-après (modèle n° 11).

Les militaires de l'armée active ou de la réserve, pour être admis à contracter un rengagement de trois à sept ans, doivent être dans le cours de la dernière année de leur service.

Toutefois, les militaires qui, après les sept années de leur service, sont retenus sous les drapeaux, en vertu de l'article 30 de la loi du 21 mars 1832, sont admis à contracter un rengagement dont les effets remontent au jour de l'expiration de leur service.

ART. 46.

Les actes de rengagement des militaires dans la réserve sont contractés devant le sous-intendant militaire de leur département (modèle n° 11).

A cet effet, ces militaires doivent produire :

1° Un certificat d'aptitude délivré par l'officier de recrutement, et portant qu'ils réunissent les qualités requises pour faire un bon service;

2° Un certificat de bonne conduite délivré par leur ancien corps;

3° Un certificat de bonnes vie et mœurs du maire de leur commune, s'ils sont absents de leur corps depuis plus de trois mois.

ART. 47.

Les militaires rengagés ou engagés appartenant à des corps qui se recrutent par la voie des appels, et admis à la retraite pour cause de blessures ou d'infirmités avant la quatorzième année de service, ont droit, sur les sommes allouées pour leur rengagement, à une part proportionnelle à la durée du service qu'ils ont accompli en vertu de ce rengagement.

ART. 48.

Les hautes payes de rengagement et les hautes payes de chevrons sont touchées simultanément, mais d'une manière distincte, par les ayant droit, suivant le mode actuellement en usage.

ART. 49.

Lorsque les militaires en activité sont admis, dans leur dernière année de service, à contracter un rengagement de sept ans, ils ont droit immédiatement à la prime de rengagement. Mais la haute paye ne leur est acquise qu'au jour où commence l'effet de ce rengagement.

ART. 50.

Les militaires qui comptent plus de sept ans de service ne sont pas admissibles à jouir des avantages attribués au premier rengagement de sept ans.

Dans ce cas, ils ont droit :

Pour chaque année de leur nouveau rengagement, jusqu'à quatorze ans de service accomplis, à l'annuité et à la haute paye journalière de 10 centimes.

ART. 51.

L'absence illégale, l'envoi, à titre de punition, dans une compagnie de discipline, et la condamnation à une peine correctionnelle, entraînent la privation de la haute paye pendant la durée de l'absence ou de la peine.

CHAPITRE II.

DES ENGAGEMENTS VOLONTAIRES APRÈS LIBÉRATION, AUTORISÉS PAR L'ARTICLE 13 DE LA LOI DU 26 AVRIL 1855.

ART. 52.

Les engagements volontaires après libération sont contractés sous les conditions et dans les formes prescrites par la loi du 21 mars 1832, par l'ordonnance du 28 avril 1832 et par celle du 15 janvier 1837, sauf les modifications établies par la loi du 26 avril 1855, et conformément aux dispositions ci-après.

ART. 53.

Si l'engagé volontaire est libéré du service depuis plus de trois mois, il doit, outre les justifications exigées par les lois et ordonnances ci-dessus, présenter au maire qui reçoit son engagement un certificat de bonnes vie et mœurs, et un bulletin délivré par le greffier du tribunal civil de l'arrondissement où est le lieu de sa naissance, indiquant les renseignements qui auraient été inscrits à son nom sur les casiers judiciaires (modèle n° 12).

ART. 54.

Le maire appelé à dresser l'acte d'engagement après libération donne, avant la signature de l'acte, lecture à l'engagé :

1° Des articles 2, 32, 33 et 34 de la loi du 21 mars 1832;

2° Des articles 17 et 18 de l'ordonnance du 28 avril 1832;

3° De l'article 1er de l'ordonnance du 15 janvier 1837;

4° Des articles 11, 12 et 13 de la loi du 26 avril 1855, et, s'il y a lieu, de l'arrêté du Ministre de la guerre qui aurait augmenté les allocations fixées par l'article 12;

5° De l'acte de l'engagement contracté.

Les certificats et autres pièces restent annexés à la minute de l'acte.

ART. 55.

Les dispositions des articles 49, 50 et 51 du présent réglement, concernant les militaires en activité, sont applicables aux engagés volontaires après libération.

ART. 56.

Le sous-intendant militaire, dès qu'il a reçu du maire ampliation de l'acte d'engagemeut volontaire après libération, et qu'il en a reconnu la régularité, en adresse une expédition au préposé de la Caisse des dépôts et consignations.

Au moment de la mise en route de l'engagé, il en envoie, au corps sur lequel celui-ci est dirigé, une autre expédition, où il inscrit en toutes lettres la somme payée par anticipation sur la prime.

TITRE V.

Des Remplacements par voie administrative et entre parents.

CHAPITRE 1er.

REMPLACEMENT PAR VOIE ADMINISTRATIVE.

ART. 57.

Lorsque le nombre des rengagements et des engagements après libération est insuffisant pour couvrir celui des exonérations, un arrêté du Ministre de la guerre, rendu sur la proposition de la Commission supérieure de la dotation de l'armée, autorise les remplacements par voie administrative, et en détermine le prix ainsi que le mode de paiement.

Cet arrêté est publié et affiché dans chaque commune.

ART. 58.

Aussitôt après la réception de l'arrêté ministériel, les maires des communes, dans chaque département, ouvrent une liste sur laquelle sont inscrits les hommes qui se présentent pour remplacer (modèle n° 13).

Cette liste, revêtue de leur signature et accompagnée des pièces produites, est adressée par eux au sous-intendant militaire chargé du service du recrutement, aux époques qui sont déterminées par le Ministre de la guerre.

ART. 59.

Le sous-intendant militaire adresse au Ministre de la guerre un relevé numérique général des hommes qui se sont fait inscrire dans les communes du département pour remplacer.

ART. 60.

D'après les résultats consignés dans les relevés numériques ci-dessus, le Ministre de la guerre fait connaître au général commandant la division, en même temps qu'au président de la commission spéciale instituée par l'article suivant, le nombre des remplaçants qui peuvent être admis dans chaque département.

ART. 61.

Les remplaçants sont examinés par une commission spéciale établie au chef-lieu de chaque département, et composée ainsi qu'il suit :

L'officier général ou supérieur commandant le département, président ;

Le sous-intendant militaire chargé du service du recrutement ;

Le commandant de gendarmerie ;

Le commandant du dépôt de recrutement.

La commission est assistée d'un médecin militaire.

En cas de partage des voix, celle du président est prépondérante.

Les archives de la commission sont déposées et conservées au dépôt de ecrutement du département.

r

ART. 62.

Le remplaçant, outre les justifications prescrites par la loi du 21 mars 1832, doit présenter, avec les certificats exigés par l'article 20 de ladite loi, un bulletin délivré par le greffier du tribunal civil de l'arrondissement où est le lieu de sa naissance, et indiquant les renseignements qui auraient été inscrits, à son nom, sur les casiers judiciaires.

Ce bulletin reste annexé au certificat du maire, après avoir été visé par lui.

ART. 63.

Les hommes inscrits pour remplacer sont convoqués devant la commission spéciale de remplacement par lettre individuelle, que le sous-intendant militaire leur fait notifier par le maire du lieu de leur résidence.

ART. 64.

Après vérification des pièces produites par le remplaçant et examen de son aptitude physique, la commission spéciale de remplacement prononce, s'il y a lieu, son admission.

Cette admission est constatée dans le procès-verbal de la séance, auquel est annexé l'acte de remplacement (modèle n° 14), rédigé séance tenante par le sous-intendant militaire, et signé tant par ce fonctionnaire que par le remplaçant.

Une expédition de cet acte est remise au remplaçant pour lui servir de titre.

ART. 65.

La portion du prix de remplacement qui, suivant l'arrêté du Ministre de la guerre, doit être payée comptant est soldée au moment où le remplacement est contracté.

Le payement en est effectué au chef-lieu du département par le préposé de la Caisse des dépôts et consignations, sur le vu d'une expédition de l'acte de remplacement, adressée à ce préposé par le sous-intendant militaire, et constatant la somme à laquelle a droit le remplaçant (modèle n° 14).

Le préposé de la Caisse des dépôts et consignations inscrit le paiement effectué sur l'expédition de l'acte de remplacement dont le remplaçant est porteur, et en avise le sous-intendant militaire.

ART. 66.

Mention est faite, en toutes lettres, sur le contrôle signalétique, qui, au moment de la mise en route du remplaçant, est envoyé au corps sur lequel il est dirigé, de la somme payée par anticipation sur le prix du remplacement.

ART. 67.

La somme payée au remplaçant est inscrite sur le registre-journal tenu au corps, en exécution de l'article 30 du présent réglement.

Cette somme est également inscrite, aussitôt après l'incorporation du remplaçant, sur son livret individuel, par les soins du commandant de la compagnie, de l'escadron ou de la batterie.

ART. 68.

Chaque mois, la commission spéciale de remplacement dresse, pour être déposée au dépôt de recrutement, la liste nominative des remplaçants qu'elle a admis pendant le mois précédent, et le sous-intendant militaire en envoie au Ministre de la guerre un état numérique.

CHAPITRE II.

REMPLACEMENT ENTRE PARENTS JUSQU'AU QUATRIÈME DEGRÉ.

ART. 69.

Les remplacements entre frères, beaux-frères, oncles et neveux et cousins germains, autorisés par l'article 10 de la loi du 26 avril 1855, sont constatés, suivant le degré de parenté, par la production des pièces désignées au bordereau (n° 15) annexé au présent réglement.

ART. 70.

Il est statué sur ces remplacements par les conseils de révision, conformément aux prescriptions de la loi du 21 mars 1832, et aux dispositions de l'article 62 du présent réglement.

TITRE VI.

Des Pensions.

CHAPITRE Ier.

DISPOSITIONS PRÉLIMINAIRES.

ART. 71.

Les pensions auxquelles ont droit, en vertu des lois des 11 avril 1831 et 26 avril 1855, les sous-officiers, caporaux ou brigadiers et soldats de l'armée de terre, ou les titulaires d'emplois militaires qui leur sont assimilés, qu'ils appartiennent ou non à des corps qui se recrutent par la voie des appels, donnent lieu à la délivrance d'un titre unique et sont payées par les agents du trésor, sous les mêmes conditions que les autres pensions militaires, sauf le remboursement à faire au trésor des sommes qui doivent rester à la charge de la dotation, ainsi qu'il est réglé ci-après.

Ces mêmes dispositions sont applicables aux pensions et secours annuels accordés aux veuves et aux enfants orphelins des mêmes militaires.

ART. 72.

L'augmentation du cinquième, concédée par l'article 11 de la loi du 11 avril 1831, après douze ans de grade, s'établit tant sur la pension résultant de l'application de cette loi, que sur les 165 francs alloués en accroissement par l'article 19 de la loi du 26 avril 1855.

ART. 73.

Les droits au minimum et au maximum de la pension sont acquis à vingt-cinq et à quarante-cinq ans de service, par application des articles 19 et 9 combinés des lois des 26 avril 1855 et 11 avril 1831.

CHAPITRE II.

DES PENSIONS AUX SOUS-OFFICIERS, CAPORAUX OU BRIGADIERS ET SOLDATS DES CORPS QUI SE RECRUTENT PAR LA VOIE DES APPELS.

ART. 74.

Les pensions accordées, soit à titre d'ancienneté de service, soit pour blessures ou infirmités, aux sous-officiers, caporaux ou brigadiers et soldats des corps qui se recrutent par la voie des appels, sont l'objet d'une seule concession, dont le chiffre est déterminé conformément aux dispositions combinées des lois des 11 avril 1831 et 26 avril 1855.

Néanmoins, la liquidation et le décret de concession font connaître, d'une manière distincte :

1° Le chiffre de la même pension calculée d'après la loi du 11 avril 1831 ;

2° L'excédant résultant de l'application de la loi du 26 avril 1855.

ART. 75.

L'excédant ci-dessus constitue la part contributive de la dotation de l'armée, aux termes de l'article 20 de la loi du 26 avril 1855.

Il se compose :

Pour les militaires,

Des 165 francs ajoutés au minimum et au maximum de pension par l'article 19 de la loi du 26 avril 1855,

Et, lorsqu'il y a lieu, du cinquième de cette somme (article 11 de la loi du 11 avril 1831);

Pour les veuves et les orphelins,

Du quart de la somme de 165 francs sus-indiquée.

ART. 76.

Les remboursements de la part contributive de la dotation de l'armée sont opérés tous les trois mois par la Caisse des dépôts et consignations, pour le compte de la dotation, d'après les états des payements effectifs qui auront eu lieu dans le trimestre, contrôlés et certifiés par le ministère des finances.

CHAPITRE III.

DISPOSITIONS D'ORDRE.

ART. 77.

Le Ministre des finances adresse, tous les trois mois, par l'intermédiaire du Ministre de la guerre, à la Commission supérieure de la dotation de l'armée, un état des extinctions et suspensions survenues pendant chaque trimestre, concernant les pensions concédées aux militaires des corps qui se recrutent par la voie des appels, ainsi qu'à leurs veuves ou enfants orphelins.

Cet état indique, outre les noms des titulaires et la quotité de leur pension ou secours annuel :

1° Leur domicile ;

2° La cause qui a donné lieu à l'extinction ou à la suspension ;

3° La date de la cessation de la pension ou du secours.

Le même état fait connaître le rétablissement des pensions dont le payement aurait été suspendu.

ART. 78.

La caisse de la dotation de l'armée verse au trésor sa part contributive sur les pensions attribuées à ceux de ces militaires, provenant des corps se recrutant par la voie des appels, qui sont admis à l'Hôtel impérial des Invalides.

TITRE VII.

Des Dispositions particulières aux corps de l'armée de mer qui se recrutent par la voie des appels.

ART. 79.

Les dispositions du présent réglement d'administration publique sont applicables aux hommes des corps de l'armée de mer mentionnés au tableau nº 1 annexé au présent réglement, sauf les modifications qui résultent de l'intervention nécessaire des fonctionnaires du département de la marine et de la caisse des invalides de la marine.

ART. 80.

Le Ministre de la marine fait connaître en temps utile, au Ministre de la guerre, le nombre des rengagements et des engagements volontaires après libération contractés dans les corps de l'armée de mer, afin qu'il puisse les comprendre, mais d'une manière distincte, dans les prévisions et les documents à communiquer à la Commission supérieure de la dotation, ainsi que dans les comptes annuels à publier.

ART. 81.

Les primes et les hautes payes de rengagement attribuées aux militaires des troupes de la marine provenant des appels sont payées sur les fonds généraux de ces corps, à titre d'avance, suivant les formes prescrites par les articles 26, 27 et 28 du présent réglement.

En ce qui concerne les équipages de ligne, qui n'ont pas de fonds propres, les avances sont faites par la caisse des invalides, soit au moment de l'engagement ou de l'incorporation pour les hommes présents en France, soit à leur retour pour les marins en cours de campagne.

ART. 82.

Les avances faites par les corps de troupes de la marine, pour le compte de la dotation de l'armée, sont remboursées d'après le mode prescrit par l'article 29 du présent réglement.

Les avances faites, au même titre, par la caisse des invalides de la marine sont remboursées, aux mêmes époques, dans les mains des trésoriers de ladite caisse, sur présentation d'un bordereau récapitulatif duement arrêté par le commissaire de l'inscription maritime, et auquel sont annexées les feuilles individuelles mentionnées dans l'article 29.

Les dépenses et les recettes effectuées par les corps, pour le compte de la dotation de l'armée, sont inscrites ainsi qu'il est spécifié par l'article 30 du présent réglement.

Les trésoriers de la caisse des invalides tiennent un compte spécial des dépenses et des recettes effectuées au même titre.

ART. 83.

Le remboursement des avances faites au titre des pensions, par la caisse des invalides de la marine, est opéré suivant le mode prescrit par les articles 74, 75 et 76 du présent réglement.

ART. 84.

Nos Ministres secrétaires d'État aux départements de la guerre, de la marine et des colonies, et des finances, sont chargés, chacun en ce qui le concerne, de l'exécution du présent décret.

Fait au palais des Tuileries, le 9 janvier 1856.

NAPOLÉON.

Par l'Empereur :

Le Maréchal de France
Ministre Secrétaire d'État de la guerre,

VAILLANT.

TABLEAU ET MODÈLES

ANNEXÉS AU DÉCRET

PORTANT RÉGLEMENT D'ADMINISTRATION PUBLIQUE

EN DATE DU 9 JANVIER 1856.

TABLEAU N° 1.

TABLEAU des Corps ou des portions de Corps des armées de terre et de mer qui se recrutent par la voie des appels.

Ire SECTION. — ARMÉE DE TERRE.

Maison militaire de l'Empereur.

Les cent-gardes.

GARDE IMPÉRIALE.

Gendarmerie.

Régiment de gendarmerie...
Escadron de gendarmerie... } Seulement en ce qui concerne les hommes liés au service en vertu des lois du 21 mars 1832 et du 26 avril 1855.

Infanterie.

Régiments de grenadiers,
— de voltigeurs,
— de zouaves,
Bataillon de chasseurs à pied.

Cavalerie.

Régiments de cuirassiers,
— de dragons,
— de lanciers,
— de chasseurs,
— des guides.

Artillerie.

Régiment d'artillerie — à pied,
— — à cheval.

Génie.

Compagnies du génie.

Train des équipages militaires.

Escadron du train.

TROUPES DE LIGNE.

—

Gendarmerie impériale.

Gendarmerie départementale.	Seulement en ce qui concerne les hommes liés au service en vertu des lois du 21 mars 1832 et du 26 avril 1855.
— d'Afrique......	
— coloniale......	
Garde de Paris............	

Infanterie.

Régiments d'infanterie,

Bataillons de chasseurs à pied,

Régiments de zouaves,

Bataillon de sapeurs-pompiers de la ville de Paris,

Les sous-officiers et caporaux des bataillons d'infanterie légère d'Afrique,

Les sous-officiers et caporaux des compagnies de pionniers et de discipline,

Les sous-officiers, caporaux ou brigadiers et soldats français qui, servant dans les corps indigènes ou étrangers, au titre français, composent les cadres constitués en vertu d'ordonnances ou de décrets organiques.

Cavalerie.

Régiments de carabiniers,
— de cuirassiers,
— de dragons,
— de lanciers,
— de chasseurs,
— de hussards,
— de chasseurs d'Afrique,
Compagnies de cavaliers de remonte.

Artillerie.

Régiments d'artillerie — à pied, montés et à cheval,

Compagnies d'ouvriers d'artillerie,

Compagnies d'armuriers.

Génie.

Régiments du génie,

Compagnies d'ouvriers du génie.

Train des équipages militaires.

Escadrons du train,

Compagnies d'ouvriers constructeurs,

Corps administratifs.

Sections d'ouvriers militaires d'administration,
Compagnies d'infirmiers militaires.

Service de la justice militaire.

Sous-officiers attachés aux ateliers de condamnés, aux pénitenciers et aux prisons militaires..	Seulement en ce qui concerne les hommes liés au service en vertu des lois du 21 mars 1832 et du 26 avril 1855.

2e SECTION. — ARMÉE DE MER.

Gendarmerie maritime......	Seulement en ce qui concerne les hommes liés au service en vertu des lois du 21 mars 1832 et du 26 avril 1855.

Régiments d'infanterie,
Les sous-officiers et caporaux des compagnies de discipline,
Les sous-officiers, caporaux ou brigadiers français des compagnies de soldats noirs à Cayenne, au Sénégal et à Mayotte, composant les cadres constitués en vertu d'ordonnances ou de décrets organiques;

Équipages de ligne.........	Seulement en ce qui concerne les hommes liés au service en vertu des lois du 21 mars 1832 et du 26 avril 1855.

Mécaniciens et ouvriers chauffeurs,
Régiment d'artillerie,
Compagnies d'ouvriers d'artillerie,
Infirmiers militaires.

DÉPARTEMENT
d

COMMUNE
d

MODÈLE N° 2.

Loi du 26 avril 1855.
Article 36 du Réglement.

***DÉCLARATION** constatant la renonciation à profiter du bénéfice de l'art. 5 de la loi du 26 avril 1855.*

(1) Nom et prénoms.

Je soussigné (1)
domicilié à canton d
département d déclare renoncer à faire exonérer du service le sieur (1)

En conséquence, je demande que la somme de que j'ai versée à la caisse de la dotation de l'armée, en vue de cette exonération, me soit restituée.

Fait à le 18

(*Signature de l'intéressé*).

Vu par nous, Maire de la commune d
pour la légalisation de la signature du sieur
apposée ci-dessus.

A le 18

(Apposer ici le cachet de la mairie.)

DÉPARTEMENT
d

MODÈLE N° 3.

Loi du 26 avril 1855.
Article 36 du Règlement.

CERTIFICAT de libération du service.

Nous, Préfet du département d
certifions que le nommé
fils de et de
domiciliés à canton d
département d né le
à canton
d département d
a été inscrit sur les tableaux de recensement des jeunes gens de la commune d
qui ont concouru au tirage de la classe de 18 ,
dans le canton d et qu'il a été
exempté du service (1).

En foi de quoi nous lui avons délivré le présent certificat.

Fait à le 18 .

(*Signature du Préfet*).

(1) 1. Par le n. qui lui est échu au tirage;
2. Pour (indiquer les infirmités);
3. Comme (indiquer s'il est aîné d'orphelins, fils aîné de veuve, etc., etc.).

DÉPARTEMENT
d

CLASSE DE

MODÈLE N° 4.

Loi du 26 avril 1855.
Art. 38 du Règlement.

CERTIFICAT constatant la position, sous le rapport du recrutement, d'un jeune homme qui désire s'exonérer du service.

(1) Nom et prénoms du jeune homme qui désire s'exonérer.

Nous, Préfet du département d
attestons que le nommé (1)
fils d et d
domiciliés à canton d
département d né le
à canton d
département d résidant à
canton d département d

1° A été compris sur les tableaux de recensement des jeunes gens de la commune d
canton d département d
appelés à concourir à la formation du contingent de la classe de

2° Que le numéro qui lui est échu au tirage, a été compris dans le contingent.

En foi de quoi nous lui avons délivré, sur sa demande, le présent certificat.

Fait à le 18

(Signature du Préfet)

Loi du 26 avril 1855.
Art. 40 du Règlement.

MODÈLE N° 5.

DÉPARTEMENT d

CLASSE DE

REGISTRE pour servir à l'inscription des exonérations accordées à des jeunes gens compris dans le contingent, au moyen de prestations versées à la Caisse de la dotation et destinées à assurer leur remplacement dans l'Armée (Article 5 de la loi du 26 avril 1855).

NUMÉROS d'ordre.	DATE DE L'ACTE d'exonération.	NOMS, PRÉNOMS ET SURNOMS des Jeunes Soldats.	LIEU ET DATE de LA NAISSANCE.	PROFESSION	DOMICILE.

DÉSIGNATION du CONTINGENT cantonal auquel appartient le jeune soldat.	NUMÉRO du tirage.	NOMS ET PRÉNOMS des PÈRE ET MÈRE.	DOMICILE des PÈRE ET MÈRE.	OBSERVATIONS.

DÉPARTEMENT
d

CLASSE DE

MODÈLE N° 6.

Loi du 26 avril 1855.
Art. 41 du Règlement.

CERTIFICAT constatant qu'un jeune homme a été exonéré du service conformément à l'article 7 de la loi du 26 avril 1855.

Nous, Préfet du département d

Attestons que le nommé (1)

fils d

et de

domiciliés à

canton d

département d

né le

à canton d

département d

1° A été porté sur les tableaux de recensement des jeunes gens de la commune d

canton d

département d

appelés à concourir à la formation du contingent de la classe de

2° Que le numéro qui lui est échu au tirage, a été compris dans le contingent;

3° Et qu'il a été exonéré du service, en conformité des articles 5, 6 et 7 de la loi du 26 avril 1855, après avoir justifié du payement de la prestation individuelle fixée par l'arrêté du Ministre de la guerre, en date du 18 .

En foi de quoi nous lui avons délivré le présent certificat

Fait à le 18

(*Signature du Préfet.*)

(1) Nom et prénoms du jeune homme qui a été exonéré du service.

DÉPARTEMENT
d

CLASSE DE

MODÈLE N° 7.

Loi du 26 avril 1855.
Art. 42 du règlement.

ÉTAT NUMÉRIQUE des Exonérations du service prononcées par le conseil de révision du au 18 , en conformité de la loi du 26 avril 1855.

MONTANT de LA PRESTATION.	NOMBRE DES JEUNES SOLDATS			OBSERVATIONS.
	qui ont demandé à être exonérés.	qui, par diverses causes, n'ont pas été exonérés.	qui ont été définitivement exonérés.	

Vu et CERTIFIÉ par nous, Préfet du département d

A *le* 18 .

e DIVISION MILITAIRE.

—

PLACE

d

—

(1)

(1) Désignation du corps.
(2) Indication de l'officier général qui a approuvé la demande d'exonération.
(3) Date de l'approbation.
(4) Nom, prénoms et grade du militaire.

Loi du 26 avril 1855.
Art. 43 du Règlement.

MODÈLE N° 8.

ACTE d'Exonération du service d'un militaire sous les drapeaux.

Nous, membres du Conseil d'administration du (1)

D'après la demande d'exonération approuvée par (2)
le (3) et qui nous a été représentée,

Certifions que le nommé (4)
porté sur le registre matricule du corps sous le n° , né le à , canton d , département d , taille d'un mètre millimètres, cheveux , sourcils , yeux , front , nez , bouche , menton , visage , après nous avoir présenté un récépissé en date du
constatant le versement, à la Caisse de la dotation de l'armée, de la somme de francs, montant de la prestation fixée par l'arrêté du Ministre de la guerre en date du ,
a été admis à l'exonération du service militaire, en conformité de l'article 8 de la loi du 26 avril 1855.

En conséquence, il est permis au nommé
de quitter le corps, sans pouvoir être inquiété pour raison de service militaire.

L'exonéré a déclaré vouloir se retirer dans la commune d , canton d
département d

Fait à , le
18 , en présence du nommé
qui a signé avec nous le présent, après lecture.

L'exonéré,

Les Membres du Conseil d'Administration,

Vu :

Le Sous Intendant militaire
chargé de la surveillance administrative du corps,

° DIVISION MILITAIRE.

DÉPARTEMENT

d

PLACE

d

(1) Désignation du corps.

(2) Nom, prénoms, grade, compagnie et bataillon, escadron ou batterie du militaire exonéré.

Loi du 26 avril 1855.
Art. 14 du Règlement.

MODÈLE N° 9.

CERTIFICAT constatant qu'un militaire a été exonéré du service conformément à l'article 8 de la loi du 26 avril 1855.

(1)

Nous, Membres composant le Conseil d'administration, attestons que le nommé (2) fils d et d domiciliés à , canton d , département d , né le à , canton d , département d , taille d'un mètre millimètres, cheveux , sourcils , yeux , front , nez , bouche , menton , visage , porté sur le registre matricule du corps sous le n° , a été exonéré du service en conformité de l'article 8 de la loi du 26 avril 1855, après avoir justifié du payement de la prestation individuelle fixée par l'arrêté du Ministre de la guerre, en date du 18 , pour l'année 18 .

En foi de quoi nous lui avons délivré le présent certificat.

Fait à le 18 .

Les Membres du Conseil d'administration,

Vu :

Le Sous-Intendant militaire
chargé de la surveillance administrative du corps,

NOTA. Dans les corps ou établissements où il n'existe pas de conseil d'administration, le présent certificat est délivré par l'officier commandant.

e DIVISION
MILITAIRE.

—

PLACE

d

Loi du 26 avril 1855.
Art. 44 du Règlement.

MODÈLE N° 10.

(1)

ÉTAT NUMÉRIQUE des Exonérations du service prononcées par le conseil d'administration du corps, du au 18 , en conformité de la loi du 26 avril 1855.

MONTANT de la PRESTATION	NOMBRE DES MILITAIRES qui ont demandé à être exonérés.	qui ont été admis à être exonérés.	qui n'ont pas été adm. à être exonérés.	qui ont été exonérés.	OBSERVATIONS

(1) Indiquer le corps.
(2) Grade du chef de corps.

Vu et CERTIFIÉ par nous (2)
commandant le (1)
A le 18 ,

Vu :
Le Sous-Intendant militaire chargé de la surveillance administrative du corps,

Loi du 26 avril 1855. Art. 45 et 46 du Règlement.

MODÈLE N° 11.

ACTE DE RENGAGEMENT.

L'an mil huit cent le à heure de s'est présénté devant nous, sous-intendant militaire résidant à département d le sieur (1) né le à département d fils d et d domiciliés à canton d département d cheveux sourcils front yeux nez bouche menton visage (2) taille d'un mètre millimètres; lequel, assisté des sieurs (3) appelés comme témoins, conformément à la loi, nous a déclaré vouloir contracter un rengagement de ans

Et, à cet effet, nous a présenté :

1° Un certificat du chef du corps dans lequel il sert actuellement, constatant qu'il a droit à son congé définitif du service actif, le et qu'il a toujours tenu une bonne conduite pendant son séjour au corps (4);

2° Un certificat attestant qu'il réunit les qualités requises pour faire un bon service délivré par (5)

3° Un certificat d'acceptation du chef d (6) constatant qu'il peut être admis à continuer de servir dans l'armée et être dirigé sur ce corps.

Nous, sous-intendant militaire, après avoir re-

(1) Nom, prénoms, grade et corps dans lequel sert le militaire.

(2) Indiquer ici les marques particulières.

(3) Nom, prénoms, profession et résidence des deux témoins.

(4) Si le militaire est absent de son corps depuis plus de trois mois, il sera tenu de produire un certificat de bonne conduite du maire de la commune où il réside.

(5) Indiquer le chef de corps ou l'officier de recrutement qui a délivré le certificat.

(6) Désigner le corps.

connu la régularité des pièces produites par le sieur (7)

Nous lui avons donné lecture des articles 34, 36, paragraphes 2 et 3, et 37 de la loi du 21 mars 1832; des articles 25, 26, 27, 28 et 29 de l'ordonnance royale du 28 avril 1832; de l'article 1er de l'ordonnance du 15 janvier 1837, et des articles 11 et 12 de la loi du 26 avril 1855 (8).

Ensuite de quoi nous avons reçu le rengagement du sieur (9)

lequel a promis de continuer à servir avec fidélité et honneur, et de rester sous les drapeaux pendant l'espace de ans, à compter du jour où cesse le service auquel il est actuellement tenu par la loi.

Lecture faite audit sieur (9)

et aux deux témoins ci-dessus dénommés, du présent acte, ils ont signé avec nous (10).

Fait à , le 18 .

(7) Nom et prénoms du rengagé.

(8) Lorsqu'un arrêté du Ministre de la guerre aura augmenté les allocations fixées par l'article 12 de la loi du 26 avril 1855, il en sera donné connaissance au rengagé, et l'acte de rengagement devra constater ici qu'il lui en a été fait lecture.

(9) Nom et prénoms du rengagé.

(10) Si le rengagé ou les témoins ne peuvent signer, il sera fait mention de la cause qui les en empêchera, conformément à l'article 39 du Code Napoléon.

Loi du 26 avril 1855.
Art. 26 et 53 du Règlement.

MODÈLE N° 12.

ACTE D'ENGAGEMENT VOLONTAIRE

APRÈS LIBÉRATION.

L'an le à heure, s'est présenté devant nous (1) de la commune d chef-lieu de canton, arrondissement d département d

(1) Maire ou adjoint.

Le sieur (2) âgé de exerçant la profession d (3) domicilié à canton d arrondissement d département d résidant à canton d arrondissement d département d fils d et d domiciliés à canton d département d cheveux sourcils front yeux nez bouche menton visage (4) taille d'un mètre millimètres;

(2) Nom et prénoms de l'engagé.

(3) Spécifier, d'après la déclaration de l'engagé (à la suite de l'indication de sa profession), en quelle qualité et dans quel corps il a servi.

(4) Indiquer ici les marques particulières.

Lequel, assisté du sieur (5) âgé de exerçant la profession d domicilié canton d arrondissement d département d

(5) Nom et prénoms du premier témoin.

Et du sieur (6) âgé de exerçant la profession d domicilié à canton d arrondissement d département d appelés l'un et l'autre comme témoins, conformément à la loi;

(6) Nom et prénoms du second témoin.

A déclaré vouloir s'engager dans l'armée française.

A cet effet, et après nous avoir fait la déclaration,

1° Qu'il n'est ni marié ni veuf avec enfants;

2° Qu'il n'est lié au service ni comme appelé ou substituant, ni comme engagé volontaire ou rengagé, ni comme remplaçant ou inscrit maritime;

(7) Nom et prénoms de l'engagé.

Ledit sieur (7) nous a présenté,

(8) Nom, grade et corps de l'autorité militaire du signataire du certificat.

(9) Nom de l'engagé.

1° Un certificat délivré sous la date du par (8) et constatant que ledit sieur (9) n'est atteint d'aucune infirmité, qu'il a la taille et les autres qualités requises pour être reçu dans l'armée, et qu'il peut être dirigé sur (10)

(10) Désignation du corps.

(11) Si ce n'est pas un acte de naissance que l'engagé produit, on énoncera le titre qu'il présentera, conformément à l'article 46 du Code Napoléon.

(12) Indication du jour, du mois et de l'année de la naissance (en toutes lettres).

2° Son acte de naissance (11) constatant qu'il est né le (12) à canton d arrondissement d département d

3° Son congé de libération du service militaire;

4° Un certificat de bonne conduite délivré par le corps où il a servi en dernier lieu;

5° Un certificat de bonnes vie et mœurs délivré sous la date du par le maire d (13) conformément à l'article 20 de la loi du 21 mars 1832 sur le recrutement de l'armée, et constatant,

(13) Indiquer la commune.

(14) Nom de l'engagé.

1° Que ledit sieur (14) jouit de ses droits civils,

2° Qu'il n'a jamais été condamné à une peine correctionnelle pour vol, escroquerie, abus de confiance ou attentat aux mœurs;

(15) Nom et prénoms de l'engagé.

Nous, maire du chef-lieu du canton d après avoir reconnu la régularité des pièces produites par le sieur (15) lui avons donné lecture,

1° Des articles 2, 32, 33, 34 de la loi du 21 mars 1832;

2° Des articles 17 et 18 de l'ordonnance royale du 28 avril 1832; lesquels ordonnent de faire conduire de brigade en brigade, par la gendarmerie, les engagés volontaires trouvés hors de la route qui leur est tracée, et de poursuivre comme insoumis ceux qui ne se rendent pas à leur destination dans les délais prescrits;

3° De l'article 1er de l'ordonnance du 15 janvier 1837, d'après lequel les engagés volontaires doivent contracter, sous le rapport de leur incorporation dans l'armée, les mêmes obligations que celles imposées aux jeunes soldats appelés sous les drapeaux par la loi du recrutement, et seront, par conséquent, toujours susceptibles d'être changés de corps, sans distinction d'arme, toutes les fois que l'autorité militaire le prescrira;

(16) Lorsqu'un arrêté du Ministre de la guerre aura augmenté les allocations fixées par l'article 12 de la loi du 26 avril 1855, il en sera donné connaissance à l'engagé et l'acte d'engagement devra constater ici qu'il lui en a été fait lecture.

4° Des articles 11, 12 et 13 de la loi du 26 avril 1855 (16).

Après quoi, nous avons reçu l'engagement du sieur (17)

(17) Nom et prénoms de l'engagé.

Lequel a promis de servir avec fidélité et honneur pendant sept ans, durée de l'engagement volontaire, aux termes de l'article 33 de la loi du 21 mars 1832, et des articles 11 et 13 de la loi du 26 avril 1855, à partir de ce jour.

Lecture faite audit sieur (18) et aux deux témoins ci-dessus dénommés, du présent acte, ils ont signé avec nous (19).

(18) Nom et prénoms de l'engagé.

(19) Si l'engagé ou les témoins ne peuvent signer, il sera fait mention de la cause qui les en empêchera, conformément à l'article 39 du Code Napoléon.

Le Sous-Intendant militaire certifie que le sieur (20), qualifié dans l'acte qui précède, a droit à recevoir du préposé de la Caisse des dépôts et consignations à , pour le compte de la dotation de l'armée, la somme de

(20) Nom et prénoms de l'engagé.

A *le* 18 .

Nota. Le préposé de la Caisse des dépôts et consignations certifie, au bas de l'expédition de l'acte d'engagement dont l'engagé est porteur, lui avoir payé la somme (en toutes lettres) qui lui revenait.

L'engagé volontaire, de son côté, donne quittance de la somme (en toutes lettres) qu'il a reçue du préposé de la Caisse des dépôts et consignations, au bas de l'expédition de l'acte d'engagement adressé à ce fonctionnaire par le Sous-Intendant militaire.

Loi du 26 avril 1855.
Art. 58 du Règlement.

MODÈLE N° 13.

DÉPARTEMENT d

CANTON d

LISTE NOMINATIVE des hommes qui se présentent pour être admis dans l'Armée comme remplaçants par voie administrative.

NUMÉROS D'ORDRE. 1	DATE de L'INSCRIPTION. 2	NOMS, PRÉNOMS ET SURNOMS. 3	DATE et lieu DE NAISSANCE (A) 4	DOMICILE. 5

(A) Indiquer la commune et le département.

(B) Indication du nom de la commune chef-lieu de canton.

(C) Indication du mois et de l'année.

(D) Apposer ici le cachet de la mairie.

PROFESSION 6	TAILLE. 7	INDICATION DE L'ARME dans laquelle il a déjà servi. 8	DÉSIGNATION et NOMBRE DES PIÈCES produites. 9	SIGNATURE des HOMMES qui se présentent pour être admis à remplacer. — NOTA. Ceux qui ne sauront pas signer apposeront une croix. 10

A (B) , le 1er (c) 18 .

Le Maire,

(D)

MODÈLE N° 14. Loi du 26 avril 1855.
Art. 64 et 65 du Règlem.

ACTE de remplacement par voie administrative.

(1) Date de la comparution devant le sous-intendant militaire.

(2) Indiquer le département.

(3) Nom et prénoms du remplaçant.

(4) Indiquer cette somme en toutes lettres.

(5) Indiquer le mode de payement déterminé par l'arrêté du Ministre de la guerre (celui qui est relaté dans l'acte).

CEJOURD'HUI (1) nous, Sous-Intendant militaire chargé du service du recrutement dans le département d (2) stipulant au nom et pour le compte de la dotation de l'armée, attestons qu'il résulte du procès-verbal de la séance du que la commission spéciale de remplacement ayant reconnu que le sieur (3)
fils d et d domicilié à canton d département d né le à canton d département d résidant à canton d département d
cheveux sourcils yeux front
nez bouche menton visage
teint taille d'un mètre millimètres,
profession d réunissait toutes les conditions requises pour le service militaire, a donné son consentement à son admission comme remplaçant pour le compte de la dotation de l'armée;

Attestons, en outre, avoir fait connaître au sieur (3) que le prix du remplacement par voie administrative, au compte de la dotation de l'armée, a été fixé pour l'année 18 , par l'arrêté du Ministre de la guerre en date du 18 , à la somme totale de (4) francs, payable (5)

En conséquence, et après nous être assuré que le sieur (3) ici présent, consent à servir comme remplaçant pendant la durée de ans, à dater du , aux conditions ci-dessus stipulées, et qu'il s'engage à remplir toutes les obligations qui lui sont imposées par les lois et les réglements, nous avons dressé le présent acte, qu'il a signé avec nous (6), après lecture.

(6) Si le remplaçant ne sait pas signer, il en sera fait mention, et il apposera sa croix.

Fait à le 18 .

Le Sous-Intendant militaire,

Le Sous-Intendant militaire certifie que ledit (7) qualifié dans l'acte qui précède, a droit à recevoir du préposé de la Caisse des dépôts et consignations à , pour le compte de la dotation de l'armée, la somme de .

(7) Nom et prénoms du remplaçant.

A le 18 .

NOTA. Le préposé de la Caisse des dépôts et consignations certifie, au bas de l'acte de remplacement dont le remplaçant est porteur, lui avoir payé la somme (en toutes lettres) qui lui revenait.

Le remplaçant, de son côté, donne quittance de la somme (en toutes lettres) qu'il a reçue du préposé de la Caisse des dépôts et consignations, au bas de l'expédition de l'acte de remplacement adressée à ce fonctionnaire par le Sous-Intendant militaire.

Loi du 26 avril 1855.
Article 69 du Réglement.

BORDEREAU N° 15.

BORDEREAU des pièces à produire selon que le remplacement a lieu entre frères, entre beaux-frères, entre oncle et neveu ou entre cousins germains.

INDICATION DU DEGRÉ DE PARENTÉ.	INDICATION DES PIÈCES A PRODUIRE.
1° Frères	L'acte de naissance de chacun d'eux.
2° Beaux-frères.............	L'acte de naissance de chacun des deux beaux-frères, l'acte de mariage et l'acte de naissance de la sœur mariée.
3° Oncle et neveu..........	L'acte de naissance du neveu, l'acte de naissance de son père ou de sa mère, l'acte de naissance de l'oncle.
4° Cousins germains.........	L'acte de naissance de chacun des cousins germains; l'acte de naissance du père ou de la mère de chacun d'eux, l'acte de mariage de l'auteur commun (sauf le cas de parenté naturelle).
	Avec les pièces indiquées ci-dessus pour chaque catégorie, il devra être produit un certificat de trois pères de famille domiciliés dans le canton, et pères de jeunes gens soumis à l'appel, ou ayant été appelés, lequel fera connaître le degré de parenté existant entre le remplaçant et le remplacé.

MODÈLES

ANNEXÉS A L'INSTRUCTION MINISTÉRIELLE

EN DATE DU 26 JANVIER 1856.

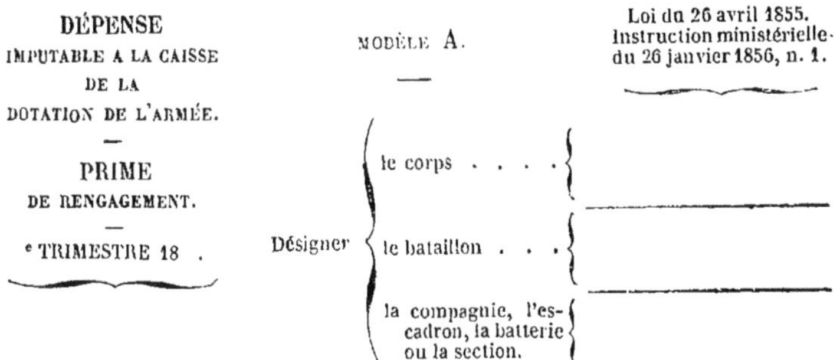

DÉPENSE
IMPUTABLE A LA CAISSE
DE LA
DOTATION DE L'ARMÉE.

PRIME
DE RENGAGEMENT.

e TRIMESTRE 18 .

MODÈLE A.

Loi du 26 avril 1855.
Instruction ministérielle du 26 janvier 1856, n. 1.

Désigner { le corps . . . . ; le bataillon . . . ; la compagnie, l'escadron, la batterie ou la section.

FEUILLE INDIVIDUELLE pour servir à constater le paiement de la prime de rengagement à un militaire du corps.

NUMÉROS du contrôle annuel.	NUMÉROS du registre matricule.	NOM, prénoms et surnoms.	GRADE.	DATE de la naissance.	DURÉE du service accompli.	DATE à partir de laquelle commence à courir le rengagement.	MUTATION. (1)	MONTANT de la prime.	DATE du PAYEMENT.	ÉMARGEMENT portant QUITTANCE. (2)

(1) On indiquera dans cette colonne le montant des à-comptes payés sur la prime.
(2) L'officier de section signera pour les hommes qui ne pourront remplir cette formalité.
(3) Trésorier, officier payeur, capitaine commandant ou officier d'administration, suivant le cas.
(4) Pour les corps où cet emploi existe.

Certifié par nous (3) la présente feuille individuelle s'élevant à la somme de

A , le 18 .

Vu par nous, Major (4), pour autorisation de payement.

Vu et vérifié, après payement, par nous, Sous-Intendant militaire chargé de la surveillance administrative du corps.

DÉPENSE
IMPUTABLE A LA CAISSE
DE LA
DOTATION DE L'ARMÉE.

Loi du 26 avril 1855.
Instruction ministérielle
du 26 janvier 1856, n. 1.

MODÈLE B.

HAUTE PAYE
DE RENGAGEMENT.

MOIS
d

Désigner. . le corps. . . . . . .
le bataillon. . . . .
la compagnie, l'escadron, la batterie ou la section. .

FEUILLE DE DÉPENSE du au 18 .

NOMBRE				MONTANT de la DÉPENSE.	OBSERVATIONS.
D'HOMMES JOUISSANT de la haute paye.		DE JOURNÉES			
à 10 cent.	à 20 cent.	à 10 cent.	à 20 cent.		

Certifié par nous (1) Commandant (2)
la présente feuille de dépense, montant à la somme de
, dont quittance.

A le 18 .

(1) Grade de l'officier commandant.
(2) La compagnie, l'escadron, la batterie ou la section.

DÉPENSE
IMPUTABLE A LA CAISSE
DE LA
DOTATION DE L'ARMÉE.

HAUTE PAYE
DE RENGAGEMENT.

e TRIMESTRE 18 .

MODÈLE C.

Loi du 26 avril 1855.
Instruction ministérielle du 26 janvier 1856, n. 1.

Désigner le corps ou la portion de corps.

FEUILLE NUMÉRIQUE des sous-officiers, caporaux ou brigadiers et soldats auxquels la haute paye de rengagement a été allouée pendant les mois d
18 .

	EFFECTIF des hommes jouissant de la haute paye		NOMBRE de journées de haute paye	
	à 10 cent.	à 20 cent.	à 10 cent.	à 20 cent.
Effectif des hommes présents au 1er jour du trimestre et nombre de journées qui en résulte.				
A augmenter par suite des mutations et des mouvements survenus pendant le trimestre, d'après l'état ci-joint. . . .				
TOTAUX.				
A diminuer pour les mêmes motifs. . . .				
Effectif au dernier jour du trimestre et totaux des journées de haute paye.				

DÉCOMPTE.	MONTANT de la dépense.
journées à 10 centimes.	
journées à 20 centimes.	
TOTAL.	

Certifié par nous (1) la présente feuille numérique, s'élevant à la somme de

A le 18 .

(1) Trésorier, officier payeur, capitaine commandant ou officier d'administration, suivant le cas.

(2) Pour les corps où cet emploi existe.

Vu par nous, Major (2), et reconnu conforme au contrôle général du corps

Vu et vérifié par nous, Sous-Intendant militaire chargé de la surveillance administrative du corps.

DÉPENSE
IMPUTABLE A LA CAISSE
DE LA
DOTATION DE L'ARMÉE.

HAUTE PAYE
DE RENGAGEMENT.

e TRIMESTRE 18 .

MODÈLE D.

Désigner le corps
ou
la portion du corps.

Loi du 26 avril 1855.
Instruction ministérielle
du 26 janvier 1856, n. 1.

ÉTAT NOMINATIF des militaires ayant droit à la haute paye de rengagement, qui ont éprouvé des mutations pendant les mois d 18 .

NUMÉROS				NOMS, prénoms et surnoms.	GRADE.	MUTATIONS et mouvements.	RÉSULTAT			
							en augmentation		en diminution	
Bataillons.	Compagnies, escadrons, batteries ou sections.	Contrôle annuel.	Registre matricule.				Effectif.	Nombre de journées de haute paye.	Effectif.	Nombre de journées de haute paye.
						Totaux. . . .				

Certifié par nous (1)

A le 18

(1) Trésorier ou officier payeur du corps, capitaine commandant la compagnie ou officier d'administration, suivant le cas.
(2) Pour les corps où cet emploi existe.

Vu par nous, Major (2), et reconnu conforme au contrôle général du corps.

Vu et vérifié par nous, Sous-Intendant militaire, chargé de la surveillance administrative du corps.

DÉPENSE
IMPUTABLE A LA CAISSE
DE LA
DOTATION DE L'ARMÉE.

—

PRIME ET HAUTE PAYE
de rengagement.

—

e TRIMESTRE 18 .

Pièces jointes.

MODÈLE E.

Désigner le corps
ou
la portion du corps.

Loi du 26 avril 1855.
Instruction ministérielle
du 26 janvier 1856, n. 1.

BORDEREAU récapitulatif des avances faites pour le payement de la prime et de la haute paye de rengagement pendant le mois d 18 .

EFFECTIF DES HOMMES qui ont reçu la prime					HAUTE PAYE. — Nombre de journées.		MONTANT DE LA DÉPENSE.		TOTAL.
à 100 fr.	à 200 fr.	à 300 fr.	à 700 fr.	à	à 10 cent.	à 20 cent.	Prime de rengagement.	Haute paye de rengagement.	
									NOTA. Un double de ce bordereau sera adressé au Ministre, sans pièces. (*Bureau du recrutement.*)

Certifié par nous, membres du conseil d'administration dudit corps, le présent bordereau montant à la somme de

A le 18

Vu et vérifié par nous, Sous-Intendant militaire, chargé de la surveillance administrative du le présent bordereau s'élevant à la somme de à payer à ce corps par le préposé de la Caisse des dépôts et consignations le plus voisin de la place d

A le 18

Reçu du préposé de la Caisse des dépôts et consignations à la somme de pour les causes énoncées ci-dessus.

A le 18

Les Membres du Conseil d'Administration,

DÉPARTEMENT
d

MODÈLE F.

Loi du 26 avril 1855.
Instruction ministérielle
du 26 janvier 1856, n. 15.

ARRONDISSEMENT
d

CLASSE d

CANTON d

Le tirage au sort a eu lieu le 18

ÉTAT indiquant le nombre des jeunes gens inscrits sur la liste du tirage du canton d , pour la classe de 18 .

DÉSIGNATION des COMMUNES composant le canton.	NOMBRE DES JEUNES GENS de chaque commune inscrits sur la liste du tirage du canton.	NOMBRE DES JEUNES GENS qui ont annoncé l'intention de s'exonérer.	OBSERVATIONS.
TOTAL ÉGAL au nombre des jeunes gens du canton ayant participé au tirage au sort.			
TOTAL des jeunes gens qui ont annoncé l'intention de s'exonérer.			

Certifié véritable par nous, Sous-Préfet,

A le 18 .

e DIVISION MILITAIRE.

PLACE
d

MODÈLE G.

Loi du 26 avril 1855.
Instruction ministérielle du 26 janvier 1856, n. 19.

(1)

(1) Indiquer ici le corps, le bataillon, la batterie, l'escadron, la compagnie ou la section.

(2) Nom, prénoms et grade du déclarant.

*DÉCLARATION pour l'admission à l'exonération, faite par le S*r (2)

Je soussigné, déclare que je désire être admis à l'exonération du service par le versement de la prestation dont le taux a été fixé pour l'année par l'arrêté du Ministre de la guerre en date du

En conséquence je demande que M (3) commandant le (4) veuille bien me délivrer l'autorisation nécessaire à cet effet.

Fait à le 18 .

(*Signature du déclarant* (5).

Vu et certifié par nous (6) commandant (7) la présente déclaration.

A le 18 .

Le (3) commandant le (4) déclare que la demande du Sr est (ou n'est pas) admissible (8)

A le 18 .

Vu et (9)
Le Général de brigade,

(3) Grade du chef de corps.

(4) Désigner le corps.

(5) Si le déclarant ne sait pas signer, il apposera sa croix.

(6) Grade de l'officier.

(7) La compagnie, la section, l'escadron ou la batterie.

(8) Indiquer succinctement les motifs.

(9) Porter ici la mention : approuvé ou rejeté.

• DIVISION MILITAIRE.

PLACE d

MODÈLE H.

Loi du 26 avril 1855.
Instruction ministérielle du 26 janvier 1856, n. 32.

(1)

ÉTAT NOMINATIF des militaires du corps qui ont contracté des rengagements en conformité de la loi du 26 avril 1855, pendant le mois d 18 .

Nos d'ordre.	Nos de la matricule.	NOM et PRÉNOMS.	GRADE.	DATE et lieu de la naissance.	TITRE en vertu duquel le militaire est lié au service au moment du rengagement.	DURÉE du service accompli	DATE du rengagement.	DURÉE du rengagement. 3 ans.	4 ans.	5 ans.	6 ans.	7 ans.	ÉPOQUE à laquelle le rengagement commencera à courir.

(1) Désignation du corps.

A le 18 .

Les Membres du Conseil d'administration,

Vu :

Le Sous-Intendant militaire,
chargé de la surveillance administrative du corps,

e DIVISION MILITAIRE.

—

DÉPARTEMENT.

d

MODÈLE I.

—

Loi du 26 avril 1855.
Instruction ministérielle du 26 janvier 1856, n. 35.

ÉTAT NOMINATIF des anciens militaires qui, en conformité de la loi du 26 avril 1856, ont contracté des engagements volontaires après libération, pendant le mois d   18 .

NUMÉROS d'ordre.	NOM et prénoms.	DATE de la naissance.	DATE de l'engagement.	DURÉE de l'engagement.	SOMMES PAYÉES sur la prime d'engagement.	CORPS sur lequel l'engagé a été dirigé.	OBSERVATIONS

CERTIFIÉ VALABLE,

A   le   18 .

Le Sous-Intendant militaire chargé du service du recrutement,

DÉPARTEMENT

d

MODÈLE J.

Loi du 26 avril 1855.
Instruction ministérielle
du 26 janvier 1856, n. 38.

RELEVÉ NUMÉRIQUE des hommes inscrits pour être admis dans l'armée comme remplaçants par voie administrative.

	NOMBRE DE									TOTAL par degrés de taille.
	SELLIERS ou bourreliers.	MARÉCHAUX.	ARMURIERS.	TAILLEURS d'habits.	CORDONNIERS ou bottiers.	OUVRIERS en fer.	OUVRIERS en bois.	BATELIERS ou mariniers.	EXERÇANT d'autres profess	
TAILLES. 1m76 et au-dessus										
7m13............										
1m70...........										
1m69............										
1m67............										
1m62...........										
1m56...........										
TOTAUX.......										

A le 18

Le Sous Intendant militaire chargé du service du recrutement,

DÉPARTEMENT
d

MODÈLE K.

Loi du 26 avril 1855.
Instruction ministérielle
du 26 janvier 1856, n. 39.

CONVOCATION.

(1) Nom et prénoms.

Le nommé (1)
domicilié à canton
d qui s'est fait inscrire pour être admis dans l'armée comme remplaçant par voie administrative, est prévenu que la commission spéciale de remplacement appelée à statuer définitivement sur son admission, se réunira à
le 18 ,
à heure, d , dans le lieu habituel de ses séances.

Le nommé est, en conséquence, invité à se rendre à
au jour indiqué ci-dessus. A son arrivée, il devra se présenter au bureau du Sous-Intendant militaire chargé du service du recrutement.

A le 18 .

Le Sous-Intendant militaire chargé du service du recrutement,

e DIVISION MILITAIRE.

—

DÉPARTEMENT
d

MODÈLE L.

—

Loi du 26 avril 1855.
Instruction ministérielle
du 26 janvier 1856, n. 40.

LISTE NOMINATIVE des hommes qui, en conformité de la loi du 26 avril 1855, ont contracté des remplacements par voie administrative pendant le mois d 18

NUMÉROS d'ordre.	NOMS et PRÉNOMS.	DATE DE L'ACTE de remplacement.	PRIX du remplacement.	SOMMES PAYÉES sur le prix du remplacement.	CORPS sur lequel le remplaçant a été dirigé.	OBSERVATIONS.

NOTA. La copie de cette liste, remise au sous-intendant militaire par le commandant du dépôt de recrutement, est certifiée par cet officier et visée par le sous-intendant militaire, qui l'envoie au ministre.

CERTIFIÉ VÉRITABLE :

A le 18 .

Les Membres de la commission spéciale de remplacement,

° DIVISION MILITAIRE.

—

DÉPARTEMENT

d

MODÈLE M.

Loi du 26 avril 1855.
Instruction ministérielle du 26 janvier 1856, n. 40.

ÉTAT NUMÉRIQUE des Remplaçants admis par la Commission spéciale de remplacement pendant le mois d 18 .

DÉSIGNATION DES ARMES dans lesquelles LES REMPLAÇANTS ont été admis.	NOMBRE DE REMPLAÇANTS ayant servi.			OBSERVATIONS.
	ayant servi.	n'ayant pas servi.	total.	
Infanterie................				
Cavalerie................				
Artillerie................				
Génie....................				
Équipages militaires......				
TOTAUX........				

CLASSEMENT DES REMPLAÇANTS DÉSIGNÉS CI-DESSUS,
SOUS LE RAPPORT

DE L'AGE.		DE LA TAILLE.		DE LA PROFESSION.	
De 20 à 25 ans.....		De 1m 56c à 1m 68c		Ouvriers en bois.....	
De 25 à 30........		De 1 68 à 1 70.		Ouvriers en fer.......	
De 30 à 35........		De 1 70 à 1 73.		Ouvriers en cuir......	
		De 1 73 à 1 76.		Ouvriers en métaux..	
		De 1 76 et au-delà		Maçons, carriers, etc...	
				Laboureurs et manouvriers..............	
				Sans professions ou étrangers aux professions ci-dessus.	
TOTAUX....		TOTAUX....		TOTAUX....	

CERTIFIÉ VÉRITABLE :

A , le 18 .

Le Commandant du recrutement,

VU :

Le Sous-Intendant militaire, chargé du service du recrutement,

DÉPARTEMENT
d

CANTON
d

COMMUNE
d

MODÈLE N

Loi du 26 avril 1855.
Instruction ministérielle du 26 janvier 1856, n. 45.

CERTIFICAT de trois pères de famille domiciliés dans le canton et pères de jeunes gens soumis à l'appel ou ayant été appelés, pour constater le degré de parenté d'un jeune soldat qui demande à se faire remplacer, conformément à l'article 10 de la loi du 26 avril 1855, par un frère, un beau-frère, un oncle, un neveu ou un cousin germain.

Nous soussignés (1)
pères de jeunes gens soumis à l'appel ou ayant été appelés,
Certifions que le nommé (2)
né le (3)
fils de (4)
et de (5)
domicilié à (6)
canton d (6)
département d (6)
compris dans le contingent de la classe de 18
sous le n° (7) est (8)
du nommé (10)
né le (11)
fils de (12)
et de (13)
domiciliés à (14)
canton d (14)
département d (14)
et que, pour ce motif, ledit (10)
peut être admis à remplacer le nommé (2)
en conformité de l'article 10 de la loi du 26 avril 1855.

Fait à (15) le 18 .

Approuvé par nous, maire de la commune du jeune soldat.

A le 18

Vu par le sous-préfet de l'arrondissement d

(1) Noms, prénoms et domicile des trois pères de famille.

(2) Nom et prénoms du jeune soldat.

(3) Date de sa naissance.

(4) Indiquer les nom et prénoms du père du jeune soldat.

(5) Indiquer les nom et prénoms de la mère.

(6) Indiquer la commune, le canton et le département.

(7) Indiquer le numéro de tirage.

(8) Indiquer si le jeune soldat est frère, beau-frère, oncle, neveu ou cousin germain.

(10) Nom et prénoms du remplaçant.

(11) Indiquer la date de la naissance.

(12) Nom et prénoms du père.

(13) Nom et prénoms de la mère.

(14) Indiquer la commune, le canton et le département.

(15) Nom de la commune.

TABLE DES MATIÈRES.

MODÈLES ANNEXÉS A L'INSTRUCTION MINISTÉRIELLE DU 26 JANVIER 1856.

Paris. — Typ. Beaulé, 10, rue Jacques de Brosse.

On trouve à la Librairie militaire :

TRAITÉ DE LA POLICE JUDICIAIRE

à l'usage

DE LA GENDARMERIE

Par Nadau de la Richebaudière

Un volume in-16 de 180 pages. — Prix : 1 fr.

Loi du 3 Mai 1844

SUR LA POLICE DE LA CHASSE

ANNOTÉE

Précédée d'une Notice sur l'Origine de la Chasse

Des Circulaires, Instructions, et Décisions des Ministres de la guerre, de l'intérieur et des finances ayant trait à l'exécution de cette Loi,

Suivie des Ordonnances et Règlements sur la Police du Roulage et des Messageries

OUVRAGE SPÉCIALEMENT DESTINÉ

Aux Maires, aux Commissaires cantonaux, à la Gendarmerie, aux Gardes-Champêtres et Forestiers

PAR NADAU DE LA RICHEBAUDIÈRE

Capitaine de Gendarmerie retraité

Un volume in-16 de 160 pages. — Prix : 1 fr.

MANUEL DU GARDE-CHAMPÊTRE

PAR GONVOT

Un volume in-16. — Prix : 1 fr 50 c.

HONNEURS ET PRÉSÉANCES

Recueil de toutes les dispositions législatives et réglementaires qui déterminent les rangs et séances des diverses autorités dans les cérémonies publiques et fixent les honneurs à rendre

PAR BLOT

Chevalier de la Légion-d'Honneur

2me Édition. — Un volume in-16. — Prix : 50 c.

Paris. — Typographie BEAULÉ, rue Jacques de Brosse, 10.

www.ingramcontent.com/pod-product-compliance
Ingram Content Group UK Ltd.
Pitfield, Milton Keynes, MK11 3LW, UK
UKHW031047260726
13965UKWH00006B/688